AU FAIT

MARY CULPAN

UNWI HYMAN

Published in 1988 by
Unwin Hyman Limited
15/17 Broadwick Street
London W1V 1FP

British Library Cataloguing in Publication Data

Culpan, Mary
  Au fait.
    1. French language——Readers
  I. Title
  448.6′421   PC2117

  ISBN 0 7135 2756 0

Typeset in Great Britain by TJB Photosetting Ltd., Lincolnshire.
Printed in Great Britain by Bell and Bain Ltd., Glasgow.

Cover by Pinpoint Design.

Transparency of 'Violon et pipe' by Georges Braque
courtesy of the Musée National d'Art Moderne,
Centre Georges Pompidou, Paris.

CONTENTS

ACKNOWLEDGEMENTS

The author and publisher would like to express thanks for permission to reproduce the following:

The South-East Regional Examinations Board (SEREB), The Southern Examining Group (SEG), The Midland Examining Group (MEG) and London Regional Examining Board (LREB) for individual questions taken from exam and specimen papers.

Editions Bernard Grasset, Paris, for the extract from *Les Enfants du Siècle* by Christiane Rochefort (Unit 1 Reading Comprehension 8)

Jean-Jacques Pauvert Editeur, Paris, for the extract from *Les Plumes du Corbeau* by Jean-Charles Jehanne (Unit 1 Reading Comprehension 7)

Editions Denoël, Paris, for the extract from *Le Petit Nicolas* by Sempé-Goscinny © Denoël 1960 (Unit 3 Reading Comprehension 8)

Thomas Nelson and Sons Ltd, UK, for the extract from *La Gloire de Mon Père* by Marcel Pagnol (Unit 11 Reading Comprehension 14)

Photographs © Keith Gibson unless otherwise credited.

The author would like to express special thanks for their contributions to Madeleine Bender and Edgar Vetter.

The purpose of the book is to help you prepare for the Reading and Listening Comprehension papers of your GCSE French examination. Reading and listening comprehension are extremely important skills and, like any other skill, acquiring them is a two-part process:

You must learn the necessary techniques.
You must then practise them.

The main body of this book gives you practice in comprehension. In this introductory chapter you will be shown some of the techniques you need to improve your comprehension skills.

Some pupils tend to feel that success in a comprehension test is a matter of luck — if you know the words you will get it right and if you don't know the words there isn't much you can do about it. Obviously, you should try to widen your vocabulary in French as much as possible. This is best done gradually and systematically. You should make sure, as you work through the book, that you know the VOCABULARY given at the beginning of each unit. You also need a pocket dictionary so that you can look up new words as you come across them. These words should be written in a vocabulary book under topic headings. You will need to keep an extra section of your vocabulary book for general words which are not specific to a given topic.

Assuming, then, that you are working systematically on enlarging your vocabulary, what other techniques should you also be acquiring? They can be divided into two main categories:

SETTINGS AND CONTEXT

In real life, when you hear or read something, you know roughly what to expect, because you know where you are and more or less what information you are expecting to get from your reading or listening. Let's take an example:
You are travelling on a motorway in France to the French town of Poitiers. You see this sign:

> POITIERS
> SERREZ A DROITE

This sign has some information for you (since you are going to Poitiers). It is important, therefore, that you understand it. 'A DROITE' is no problem—you learnt it in your first term of French. But what about 'SERREZ'? You don't know the word. What could it mean? 'Turn'?—but you know that 'turn' in French is 'tournez', and in any case you can't 'turn' off a motorway. What can you do 'to the right' on the motorway. The most likely thing would seem to be 'keep *to* the right'—which is just what the notice means. So, you see, you have a good chance of getting the right answer if you:
a) use the French you know and
b) make *sensible* deductions and assumptions.
Bearing these points in mind, look at the sample question from a GCSE paper on the next page.

1

Q. Here is a notice at the sea-side:

ATTENTION A LA MAREE MONTANTE

Il est dangereux de se baigner dans la mer aux heures de la
marée montante qui peut vous surprendre à tout instant.
Renseignez-vous sur l'heure des marées en téléphonant au
98.52.03.68.

What is it dangerous to do when the tide is coming in? *(2 marks)*

Basic Reading Specimen Paper, SEG

How should you tackle this question?

a) You are given the setting 'at the seaside', which suggests a limited number of things the notice might be about—hiring deck chairs? Boat trips? Bathing regulations?

b) *Do not* be put off by the fact that you don't understand the words MAREE MONTANTE. In a comprehension test you are not expected to understand every word.

c) Look at the question. The word 'dangerous' should guide you to the word 'dangereux' in the notice. This leads to 'se baigner' which you should know—'to bathe'—and 'dans la mer' which you should also know—'in the sea', and that, of course, is the answer.

So, in a notice which contains thirty-five words you only need to understand six of them in order to answer the question correctly.

In reading longer passages of French, it is important to consider not only the setting but the context, i.e. the actual printed item on the page, which can give you valuable clues. Look at the layout and the typeface. Does it look like an advertisement or an article in a magazine? If it seems to come from a newspaper, is there a headline? If so, read it carefully. There may be a picture or a diagram included. It is not there for decoration, it should provide some clues to the sense of the text. Once again, do not be put off if there are words, or even a whole sentence, that you cannot understand. You may not need that piece of the text in order to answer the questions.

Using the information you are given about the setting is especially important in listening comprehension, where there are seldom any visual clues to help you. Here is a question from a Basic level listening paper:

> You are shopping in a supermarket and you hear an
> advertisement. What is on special offer today?

Having read this 'scene-setting' of the question, you know that the answer will almost certainly be an item of food or drink, so your mind is tuned in to listen for the right sort of thing.

Here is another Basic level listening question:

> You have just bought two tickets at a French cinema.
> How much must you pay?

The answer to this question is 44 francs. Let us suppose you didn't hear the amount too clearly, or that your knowledge of numbers in French isn't as good as it should be, so that you are not sure whether the answer is four, forty-four, or four hundred and forty. Your background knowledge about France should include a rough idea of how much a French franc is worth. You would therefore be unlikely to give 4 francs (about 40p) as your answer, or 440 francs (about £44) either. You are using your background knowledge to check the correctness of your language understanding.

Here is a Higher level listening question:

> You will hear a French teenager, Danielle, giving her impressions of life
> in England and in France.
>
> Look at the questions below.
>
> Now, listen to the conversation and answer the questions.
>
> You will hear the conversation *twice*.

2

1 How long has Danielle lived in England?

   ....

2 How does she find England, and why?

   ....

   Danielle says that she misses France. Give *four* reasons why this is so.

3 ....

4 ....

5 ....

6 ....

   Give *two* things which Danielle likes about England.

7 ....

8 ....

Higher Listening Specimen Paper, MEG, reproduced by permission of
the University of Cambridge Local Examinations Syndicate

Here Question 1 is purely factual, you simply have to listen for a number and 'mois' or 'semaines'. For all the other questions, you need to put yourself in Danielle's place—what are anyone's impressions of a foreign country likely to be based on? The people? The food? The climate? What you can/cannot do? The cost? The scenery? These are also the reasons why you might miss your own country. So, your mind should already be channelled in the right direction before you even start listening.

These are just a few examples of techniques you can use to help your comprehension skills. You will notice that they are techniques which use common sense, observation, knowledge of the everyday world, just as much as your knowledge of French.

LANGUAGE SKILLS

However, you are preparing for a language exam, and so you also need to develop some specific language skills for tackling comprehension.

A language consists of many words which are related to each other within the language, and to words in other languages. By getting to understand some of these relationships you can improve your understanding of the language.

This can best be dealt with in a number of different sections:

a) French and English have many words which are the same—or almost the same. A few of these are 'false friends', i.e. they do not mean the same in French as in English ('une conférence' is a lecture *not* a conference, 'chance' means luck, *not* chance, 'large' means wide, *not* large), but the vast majority of these words do mean more or less the same in both languages.

In their written form, you are presumably going to have no problem with the French words 'justice', 'nation', or indeed with 'qualité' 'beauté' 'littérature'. However you may find them more of a problem in listening, since their pronunciation is different in French. Here are some of the pronunciation differences which can disguise words which you really know:

1. the letter 'a' in 'page' 'cage' etc.
2. the ending '-tion' '-tial' '-tiel' '-cial' '-ciel' in 'fonction' 'nation' 'spécial' 'officiel' etc.
3. The 'qu' sound (like English 'k') in 'qualité' 'question' 'liquide'
4. silent final consonants – 'Paris' 'paradis'
5. silent 'h' – 'hôtel' 'handicapé'
6. the 'ch' sound (like English 'sh') in 'chapelle' 'charme'

7. the soft 'g' sound – 'magique', 'tragédie'
8. the French 'th' – 'théorie'
9. the French 'r' sound – 'ration' 'révolte'
10. the 's' sound (like English 'z') 'excuse', 'curiosité'
11. what are called 'nasal' sounds – 'masculin' 'impossible'

b) There are thousands of words in French which are not the same as English words but which are still easily recognisable if you learn a few rules about how they change between one language and the other.

1. French adverbs usually end in 'ment', just as English adverbs usually end in 'ly':
   généralement – generally
   complètement – completely
2. Present participles in French end in 'ant', as English present participles end in 'ing':
   intéressant – interesting
   charmant – charming
3. The French word adds an 'e' to the English word:
   branche – branch
   liquide – liquid
4. The French word removes an 'e' from the English word:
   futur – future
   sûr – sure
5. Verbs which add 'r' or 'er' for the infinitive in French:
   inspecter – to inspect
   admirer – to admire
6. Words which end in 'é' or 'ée' in French and in 'y' in English:
   liberté – liberty
   armée – army
7. Words which end with 'aire' in French and 'ar' or 'ary' in English:
   grammaire – grammar
   militaire – military
8. Words which end with 'f' in French and 've' in English:
   actif – active
   adjectif – adjective
9. Words which end with 'e' or 're' in French and 'er' in English:
   ordre – order
   interprète – interpreter
10. Words which end with 'que' in French and with 'c' 'ck' 'ch' or 'k' in English:
    atomique – atomic
    attaque – attack
    risque – risk
    époque – epoch
11. Words where 'u' in English becomes 'o' in French:
    fonction – function
    prononciation – pronunciation
12. Words which have a circumflex accent in French and an 's' in English:
    forêt – forest
    tempête – tempest (storm)
    intérêt – interest
13. Words where 'dé' replaces the English 'dis' as a prefix:
    décourager – to discourage
    déplaisant – displeasing
14. Words where 'eux' replaces 'ous' in English:
    dangereux – dangerous
    envieux – envious

c) There are some other common language patterns in French which you should know:

1. The prefix 're':
   commencer – to begin
   recommencer – to begin again

voir – to see

revoir – to see again

2. The prefix 'pré':

voir – to see

prévoir – to foresee

3. The prefix 'in' (the same meaning as the English prefix 'un'):

connu – known

inconnu – unknown

cassable – breakable

incassable – unbreakable

4. '-eur' ending:

blanc – white

blancheur – whiteness

This ending often indicates the name of an occupation:

facteur – postman

porteur – porter

ingénieur – engineer

Some of these 'occupation' words have a feminine form in 'ice':

acteur/actrice – actor/actress

directeur/directrice – headmaster/headmistress

but

chanteur/chanteuse – singer

5. 'er' ending:

épicier – grocer (from épicerie)

boulanger – baker (from boulangerie)

policier – policeman (from police)

6. 'té' ending:

bonté – goodness (from bon)

méchanceté – spitefulness (from 'méchant')

d) Numbers 5 and 6 in the previous section are examples of another skill you need to develop—that of linking 'families' of words. For instance:

If you have learned 'le voleur' – thief

you should also have learned

le vol – the theft

voler – to rob

Similarly:

chanter – to sing

un chanteur/une chanteuse – a singer

une chanson – a song

les vacances – holidays

les vacanciers – holidaymakers

l'été – summer

les estivants – summer holidaymakers

traverser – to cross

la traversée – the crossing

CONCLUSION

This chapter has tried to show you that tackling comprehension in a foreign language is not just a question of learning as many words as possible and hoping that the right ones turn up in your examination.

As you can see, there is a whole programme of techniques and strategies that you can learn which will improve your comprehension skills. Do not expect to learn all these techniques at once, but bear them in mind and practise them as you work your way through the units in this book—and in your examination.

Bon courage et bonne chance!

UNIT 1   LA MAISON ET LA FAMILLE

VOCABULARY

LA MAISON

l'appartement(m) – flat

l'immeuble(m) – block of flats

la ferme – farm

au rez-de-chaussée – on the ground floor

au premier étage – on the first floor

le salon – the sitting-room

la salle de séjour – living-room

la salle à manger – dining-room

la cuisine – kitchen

la chambre (à coucher) – bedroom

la salle de bains – bathroom

les toilettes – toilets

le vestibule – hall

l'escalier(m) – stairs

le fauteuil – armchair

le rideau – curtain

le tapis – carpet, rug

la moquette – (fitted) carpet

l'armoire(f) – wardrobe

la cheminée – fireplace

le buffet – sideboard

le placard – cupboard

l'étagère(f) – shelf, set of shelves

la commode – chest of drawers

le tiroir – drawer

LA FAMILLE

le père – father

la mère – mother

le frère – brother

la sœur – sister

le grand-père – grandfather

la grand-mère – grandmother

l'oncle – uncle

la tante – aunt

le bébé – baby

le neveu – nephew

la nièce – niece

aîné – elder, eldest

cadet – younger

le fils – son

la fille – daughter, girl

le mari – husband

la femme – wife, woman

l'enfant unique – only child

1.

Petites Annonces Immobilier

A VENDS appartement 3 pièces, 2e étage, parfait état, balcon, calme, ensoleillé. Agence HAVAS

B VENDS appartement, 4 pièces, cuisine équipée, proximité centre commercial. Agence HAVAS

C VENDS jolie maison neuve, avec terrasse, garage, proximité écoles, transports

D VENDS maison de campagne, 2 chambres, salle séjour, salle de bains, cuisine, nombreux placards

E VENDS très belle villa, vue magnifique, 5 chambres, 2 salles de bains, salle séjour avec cheminée rustique, chauffage central (mazout), jardin, potager, garage. S'adresser Agence FORTRAN, rue de Rance, St Malo.

a) Which would be the most suitable house or flat for a family with school age children?

b) Which would be the most suitable accommodation for a couple who wanted somewhere quiet?

c) What are you told about the condition of the first flat?

d) State 5 other things you are told about the first flat.

e) What are you told about the position of the second flat?

f) If you wanted a modern house which one would you choose?

g) What special advantage does the second house have?

h) How is the third house heated?

i) What is special about the living room in the third house?

j) What three things are mentioned outside the third house?

2.

a) When can you visit one of these houses?

Boulevard Hoche: maison de 6 pièces principales avec cuisine, salle de bains. Cour et jardin.
Tel. 67–96–67

b) What *two* things are mentioned outside this house?

3.

a) What are you told about the position of these holiday homes?

b) When is the sales office open?

4.

Des portes électroniques aux entrées des H.L.M.

Les organismes de H.L.M. ont décidé de munir les entrées des immeubles qu'ils gèrent de portes électroniques et de renforcer les portes des locataires. Cette opération est subventionnée par l'Etat.

Objectif: faire face au problème de la sécurité. Le ministre de l'Urbanisme et du Logement, Paul Quilès, a déclaré «qu'un objectif de 150,000 logements équipés par an était réalisable ». Il a précisé que ces opérations ne sont effectuées par les organismes H.L.M. que si la majorité de leurs locataires concernés en exprime le désir.

Cinq cents francs environ seront demandés aux locataires pour l'amélioration des équipements de sécurité des portes de leurs appartements.

La France compte environ trois millions de logements H.L.M.

a) What type of accommodation is this news item about?

b) What will be fitted to these buildings?

c) What is the aim in doing this?

d) How much will tenants be asked to pay?

e) What will this money be used for?

You have just received this letter from your French pen-friend. Read it carefully and answer the questions below.

Niort, le 10 mai

Chère Sandra,

Enfin, on a déménagé! N'oublie pas de noter ma nouvelle adresse. Je l'ai mise sur l'enveloppe. La nouvelle maison est fantastique. C'est merveilleux d'avoir assez de place. On était tellement serré dans notre petit appartement. Ma chambre est très grande, avec deux lits, donc je peux enfin t'inviter à passer une semaine ou deux chez moi. Est-ce que tu pourras venir pendant les grandes vacances? Mon frère a aussi une grande chambre où il a son hi-fi, sa collection de disques, et ses poissons exotiques.

Dans notre vieil appartement on mangeait toujours à la cuisine, mais maintenant on a une salle à manger et mes parents ont acheté une jolie table, six chaises et un buffet, style rustique. Samedi prochain ils vont choisir les moquettes pour la salle à manger et le salon. Mais on discute toujours pour la couleur. Moi, je trouve qu'une moquette beige serait très chic, mais maman dit que le beige est beaucoup trop clair, on serait obligé de passer l'aspirateur deux fois par jour.

Maintenant qu'on a un jardin je veux absolument avoir un chien – mais maman n'est pas d'accord. On verra...

Ecris-moi bientôt,

Grosses bises,

Jany x

a) According to Jany what is the main advantage of their new house?
b) Why can she now invite Sandra to stay with her?
c) What does Jany's brother have in his room as well as his hi-fi and his records?
d) What *three* things have her parents bought for the dining-room?
e) What are her parents going to do next Saturday?
f) What is her mother's objection to the colour beige?
g) What would they have to do as a consequence?
h) What is the problem about Jany having a dog?
i) What makes you think she had not given up hope of having one?

A Spiteful Sister

Cet après-midi, j'ai poussé Arthur dans le bassin. Il est tombé et il a commencé à faire glou-glou avec sa bouche, mais il criait aussi et on l'a entendu. Papa et maman sont arrivés en courant. Maman pleurait parce qu'elle croyait qu'Arthur était noyé. Il ne l'était pas. Le docteur est venu. Après, Arthur était très content et très fier. Tout le monde lui posait des questions. Maman lui a demandé comment il avait fait pour tomber, et Arthur a dit qu'il avait glissé. C'est chic à lui d'avoir dit ça.

Puis, il a demandé du gâteau au chocolat et maman lui en a donné. Alors, moi, j'ai demandé aussi du gâteau – j'en ai même demandé trois fois, mais maman a fait semblant de ne pas m'entendre. Et pourtant, comment peut-elle savoir que c'est moi qui ai poussé Arthur dans le bassin?

From *Les Plumes du Corbeau* by Jean-Charles Jehanne

a) What did the spiteful sister do to Arthur?
b) Why was their mother crying?
c) What *two* feelings did Arthur have after the incident?
d) How did Arthur explain his fall?
e) What did he ask for?
f) What happened when his sister made the same request?

Le choc des squatters

Deux policiers ont été blessés et dix personnes arrêtées samedi soir à Paris à la suite d'incidents sérieux entre des squatters occupants de vieux immeubles et les forces de l'ordre.

Plusieurs squatters et leurs amis avaient essayé d'enfoncer les portes de vieux immeubles afin de les occuper. C'est à ce moment que des policiers en patrouille sont arrivés dans les parages. Les squatters les ont bombardés de pierres, leur car a été endommagé et ils ont été obligés de demander des renforts. Peu après, deux autres patrouilles de police sont arrivées sur les lieux, et ils ont pourchassé les manifestants au nombre de plusieurs douzaines.

Au cours des affrontements des cabines téléphoniques, des vitrines de magasins et des pare-brises de voitures ont volé en éclats. Le calme est revenu en fin de nuit, mais la police s'attend à de nouvelles manifestations tant que le problème du logement, particulièrement difficile dans ce quartier, n'aura pas été résolu.

a) Who was wounded in these incidents?
b) What had the squatters and their friends tried to do?
c) Why had they tried to do this?
d) Why did the police have to send for reinforcements?
e) Name *three* types of things which were damaged in the disturbance.
f) Why do the police think there may be more trouble in the district?

Maintenant, on était cinq enfants dans la famille. Moi, l'aînée, Patrick, les jumeaux et Chantal. Je n'avais que sept ans, mais je pouvais déjà rendre pas mal de services – aller chercher le pain, pousser les jumeaux dans leur double landau, pour qu'ils prennent l'air, et surveiller Patrick. Ça, c'était le plus difficile. Il n'avait pas trois ans quand il mit un chaton dans la machine à laver. Cette fois-là, papa lui donna une bonne gifle – après tout, on n'avait même pas fini de payer la machine à laver.

Je commençais à aller à l'école. Le matin, je faisais le petit déjeuner pour les garçons, je les emmenais à la maternelle, et j'allais à mon école. A midi, on restait à la cantine. J'aimais la cantine, on s'assoit et les assiettes arrivent toutes remplies: c'est toujours bon ce qu'il y a dans des assiettes qui arrivent toutes remplies; les autres filles en général n'aimaient pas la cantine, elles trouvaient que c'était mauvais; je me demande ce qu'elles avaient à la maison.

Le soir, je ramenais les garçons et je les laissais dans la cour, à jouer avec les autres. Je montais prendre de l'argent, et je redescendais faire les commissions. Maman faisait le dîner, papa rentrait et ouvrait la télé, on mangeait, papa et les garçons regardaient la télé, maman et moi on faisait la vaisselle, et ils allaient se coucher. Moi, je restais dans la cuisine, à faire mes devoirs.

From *Les Petits Enfants du Siècle* by Christiane Rochefort

a) State *two* jobs which Josyane (who is telling the story) did.
b) How do you know that Patrick was a difficult child?
c) Why was their father particularly angry at what Patrick did?
d) State *two* things Josyane did before going to school.
e) What was her opinion of school lunches?
f) What was she curious to know about the other girls?
g) When she got home from school, where did she leave the boys?
h) What did she do before going shopping?
i) What did her father do when he got home?
j) Who did the washing-up?
k) What did Josyane do when the rest of the family had gone to bed?

Listening Comprehension

UNIT 1   LA MAISON ET LA FAMILLE

1.

You are going to hear a French woman, Madame Dhéry, talking about her home and family.
a) How long have they been living in the flat?
b) State: i) *two* things you are told about the flat
ii) *two* things about the block of flats

_____

c) What is their main problem?
d) How old is i) their son
ii) their daughter?
e) What is Thierry's favourite hobby?
f) Why is this a problem for his mother?
g) Why does Thierry have to play his records quietly?
h) Why is his music a particular problem for his mother?

_____

i) What does Madame Dhéry compare her daughter to?
j) What is Francine's favourite school subject?
k) What does her teacher say?
l) Where does Francine usually do this work?
m) What *three* things cause trouble for some young people, according to Madame Dhéry?
n) What does she say about her own children?

2.

Madame Prévin has a large family so they all have to help

at home. Listen to her giving instructions to each of the six children. For each one, write down where he/she is told to go, and what they must do there. (Sometimes it's more than one thing.)

3.

You have just arrived at your French pen-friend's home and she is showing you around.
a) Where is your room?
b) Where is the bathroom?
c) How will you know which is your towel?
d) Where can you find an extra blanket?
e) What does she offer to lend you?
f) Where can you put your clothes apart from the wardrobe?

4.

It is nearly time for the evening meal at your friend's house, so you have asked if you can help. Your friend's mother replies.
a) What can you do to help?
b) What colour is the tablecloth and where will you find it?
c) Name *three* things you must get from the sideboard.
d) What *two* things must you put on the table?

VOCABULARY

le mari – husband

la femme – wife

le copain – friend(m) (colloquial)

la copine – friend(f)

le voisin
la voisine – neighbour

le locataire – tenant

le propriétaire – owner

pleurer – to weep

rire – to laugh

sourire – to smile

content
heureux – happy

ravi – delighted

fier – proud

célèbre – famous

sportif – keen on sport

triste – sad

désolé – sorry

gentil – kind

grand – tall

mince – slim

beau(belle) – beautiful, handsome

joli – pretty

blond – fair(hair)

frisé – curly

pire – worse

le pire – worst

meilleur – better

le meilleur – best

l'anniversaire – birthday

les voeux(m) – good wishes

meilleurs voeux! – best wishes!

1.

a) Why does the husband ask his wife to 'phone the doctor?

b) What is the doctor's reply?

c) What does the doctor suggest?

2.

Robinson Crusoé soviétiques

■ Deux enfants de 7 et 11 ans ont été découverts après avoir passé vingt-deux jours sur une île déserte en pleine Sibérie, a rapporté mercredi le quotidien soviétique «Izvestia».

Ces deux Robinson Crusoé des temps modernes, Serguei Dobrynine et Alexei Popov, qui jouaient aux explorateurs sur un fleuve de la région de Kolyma, avaient chaviré à bord de leur radeau de fortune le 25 mai dernier. Les deux enfants ont réussi à atteindre une île déserte de 12 kilomètres carrés et à s'abriter dans un refuge. Pendant leurs trois semaines de solitude, ils se sont nourris d'herbe et de fruits.

a) What nationality are the two children?

b) How long did they spend on the island?

c) What sort of transport were they using?

d) What happened to it?

e) What did they eat?

3.

La grenouille et Le Poulain

L'acteur Jean Poulain et sa compagnie eurent de grandes difficultés hier soir au théâtre en plein air de Vaison. La pluie avait interrompu la répétition l'aprés-midi, et le soir, au moment où les acteurs se mettaient en scène un concert de grenouilles se fit entendre.

Dans une mare proche de la scène, quelque cent cinquante grenouilles avaient profité de la pluie. Ce concert intempestif couvrait la voix des acteurs. Donc Jean Poulain appela les pompiers pour essayer d'assécher la mare, mais cela n'empêcha pas les grenouilles de continuer leurs croassements et ce n'est qu'en les aspergeant d'un produit chimique qu'on a réussi à les faire taire. La pièce eut lieu, mais le lendemain matin un représentant de la défense des animaux vint protester fermement contre ce procédé barbare.

a) Where exactly did these problems occur?

b) What happened in the afternoon?

c) What happened as the play was about to begin?

d) Whom did Jean Poulain send for?

e) What did these people first try to do?

f) How did they finally solve the problem?

g) Who came to see Jean Poulain the next day?

h) Why did this person come to see him?

3. Multiple Choice

a) These incidents occurred at
- *A* an open-air concert
- *B* a cinema
- *C* an open-air theatre
- *D* a safari park?

b) In the evening, voices were drowned by
- *A* a thunderstorm
- *B* a pop group
- *C* the rain
- *D* some frogs croaking?

c) Jean Poulain wanted the firemen
- *A* to kill the frogs
- *B* to put out the fire
- *C* to pump the water from the stage
- *D* to pump the water from the pond?

d) Finally, the firemen
- *A* used a chemical spray
- *B* caught the frogs
- *C* told everyone to be quiet
- *D* chased the frogs?

e) The next day, Jean Poulain had a visit from
- *A* a sales rep.
- *B* a farmer
- *C* an animal rights protester
- *D* an official from the Ministry of Defence?

Démission télévisée

Un journaliste d'une chaîne de la télévision d'état nigérienne a démissionné pendant qu'il lisait le bulletin de nouvelles du soir, pour protester contre la fausseté de l'information.

En plein milieu du bulletin, M. Chuma Edozie a jeté ses notes et a déclaré: «**J'en ai jusque là de ces fausses informations. Je donne même ma démission. Je ne peux pas continuer comme ça**».

Les téléspectateurs l'ont vu quitter le studio au milieu d'une bordée d'injures. Ensuite, la chaîne a interrompu son émission pendant dix minutes.

a) In what country did this event occur?
b) What did the person concerned do?
c) When, exactly?
d) Why?

Chahut

■ Depuis plusieurs années, un habitant de Tilburg a pris la détestable habitude de se lever en pleine nuit pour donner à manger à ses vingt et un chats, au grand désespoir de son voisin, réveillé chaque fois en plein sommeil par les miaulements des matous et le cliquetis de leurs écuelles.

Dimanche, il a craqué. Armé d'une hache, il a défoncé la porte d'entrée de son tourmenteur avant de s'attaquer au mobilier qu'il a réduit en allumettes.

a) Describe exactly the odd habit of the person in Tilburg.
b) What *two* noises used to wake up his neighbour?
c) What *two* sorts of damage were done by the exasperated neighbour?

Histoire belge

■ Un mécanicien belge de trente et un ans, Roland Brugmans, a réussi à jouer aux fléchettes pendant 133 heures et 30 minutes. Il a amélioré de 17 minutes le record qu'il possédait déjà.

a) What is Roland Brugmans' job?
b) What record has he just broken?
c) Who held the previous record?

Read the following letter and answer the questions below.

Vichy, le 9 novembre

Chère Janet,

Merci pour ta dernière lettre qui m'a fait grand plaisir. Tu m'as demandé de décrire ma copine Suzy. Et bien, voilà!
Elle a dix-sept ans. Elle est grande, plus grande que moi, et très, très mince, avec les cheveux blonds frisés et les yeux bleus. Elle est très sportive, elle aime surtout le tennis et la natation. Elle porte toujours des vêtements très chics. Quelquefois j'emprunte ses affaires. Elle a un pull bleu et gris que j'aime beaucoup. Mais je ne peux pas mettre ses jupes – je ne suis pas aussi mince qu'elle, malheureusement!
Comme moi, elle adore danser. On va à la disco ensemble tous les samedis. Quelquefois, son frère, Thierry, qui a dix-neuf ans nous accompagne. Il n'est pas beau, mais il est très sympa!
Dans ta prochaine lettre tu feras le portrait d'une de tes copines, d'accord?

Grosses bises,

Monique

a) Who is taller, Suzy or Monique?
b) What does Monique say about Suzy's hair?
c) What does she say about Suzy's clothes?
d) Why is this an advantage for Monique?
e) When do they go to the disco?
f) State *two* things she says about Thierry.
g) What does she ask Janet to do in her next letter?

Read the following article which is taken from a French magazine for teenagers. Then answer the questions below.

'Little Stevie' – c'est ainsi qu'on l'appelait Stevie Wonder quand il avait douze ans. Maintenant il en a trente-six.... Beaucoup de Français l'ont seulement découvert l'année dernière, avec son tube 'I just called to say I love you'. Pourtant, la carrière de Stevie Wonder est longue....... Il est né le 13 mai 1950, troisième enfant d'une famille de six. Bébé normal, apparemment, on s'aperçoit vite qu'il portera toute sa vie un lourd fardeau. Il est aveugle. Mais il jouait quand même avec les autres gosses du quartier – il grimpait aux arbres, il faisait du vélo. Pour ses six ans son oncle lui offre un petit harmonica. Quinze jours après il en jouait déjà parfaitement. A l'âge de dix ans il est découvert par Brian Holland, directeur à Tamla Motown, la grande maison de disques noire à Detroit. A treize ans, il était déjà une super-star. Dès le début des années 80 Stevie Wonder s'intéresse de plus en plus aux problèmes sociaux, surtout ceux des noirs américains. En 1985, le gouvernement fait appel à lui pour lancer une grande campagne contre l'alcoolisme au volant, et il a composé une chanson pour soutenir cette campagne.

a) When did Stevie Wonder first become widely known in France?

b) How many children were there in his family?

c) What handicap was he born with?

d) State *two* things he and other children in the district used to do.

e) What was he given for his sixth birthday?

f) How did he first show he was talented musically?

g) What exactly is Tamla Motown?

h) In what did he become interested in the early 80s?

i) What did the American government ask him to do in 1985?

j) What did he do to help?

9.

Le Vieillard de Saint-Etienne

En ces périodes de fête on oublie un peu trop souvent les problèmes de la vie quotidienne, et parmi ces problèmes le pire de tous c'est peut-être la solitude — celle des vieillards avant tout. Combien sont-ils à passer leur réveillon seuls dans une petite chambre sans que personne ne leur adresse les moindres voeux?

Ce soir, une nouvelle affaire vient nous rappeler à quel point ce drame existe. On vient de retrouver à Saint-Etienne le cadavre d'un vieillard mort depuis plus d'un an — et jusqu'à aujourd'hui personne ne s'était inquiété du sort de Joseph Teissier.

Joseph Teissier, octogénaire, cheminot retraité, habitait depuis trente-cinq ans le numéro 52, rue Jean Baptiste à Saint-Etienne. Ses voisins, interrogés hier par notre reporter, ont avoué ne pas l'avoir vu depuis 'assez longtemps', et le croyaient parti en maison de retraite ou peut-être chez des parents. Qui aurait pu penser que l'octogénaire n'avait pas en effet quitté son domicile?

En fin de compte, c'est un parent, plus exactement un neveu, qui s'est inquiété de l'état de santé de son oncle qu'il n'avait pas revu depuis fort longtemps, et qui a finalement alerté la police. Celle-ci s'est présentée hier au domicile du vieillard, mais la porte restant fermée, les pompiers sont intervenus pour ouvrir.

Un squelette sur un lit — c'est tout ce qu'on a trouvé du malheureux, qui semblait d'ailleurs être mort naturellement.

De par son courrier Joseph Teissier est mort en juillet 1982, c'est à dire il y a un an et demi. On s'étonne que les voisins du vieil homme n'aient pas fait cas de cette disparition, et non plus les commerçants du quartier qui avaient l'habitude de servir le père Joseph.

CEE, SEREB 1984

a) What, according to the article, is perhaps the worst problem of daily life, and for whom in particular?

b) At what time of year was this article written?

c) How long had Joseph Teissier been dead when he was found?

d) About how old was Joseph Teissier?

e) What *two* things did the neighbours think might have happened to him?

f) Why did Joseph's nephew finally contact the police?

g) Why was the fire brigade called?

h) Where and in what state was Joseph Teissier found?

i) How was it possible to fix the approximate time of his death?

j) According to the article, what group of people, as well as his neighbours, might have been expected to notice his disappearance?

10.

IL DISPARAÎT 4 JOURS!

Un homme, âgé de 90 ans, qui avait disparu dimanche d'une maison de retraite près de Calais a été retrouvé jeudi sain et sauf dans un champ proche, où il s'était nourri de feuilles de choux.

Monsieur Desjardins s'était aventuré hors du jardin de la maison de retraite. Pris de fatigue, il fit une chute et, ne pouvant se relever, s'assit dans un champ de choux. C'est là qu'il fut découvert par un agriculteur de la région.

Monsieur Desjardins ne semble pas avoir trop souffert des journées passées en plein soleil et des nuits plutôt fraîches. A ceux qui s'étonnaient de le retrouver en bonne santé, il a répondu:
– Après tout, j'ai bien fait les deux guerres mondiales!

a) Where had the ninety-year old man disappeared from?

b) Where was he found?

c) What had he been eating?

d) What happened to him when he left the garden?

e) Who found him?

f) What had the weather been like during the days in question?

g) What are you told about the nights?

h) How did Monsieur Desjardins explain the fact that he had survived the ordeal so well?

1.

You are going to hear some pupils from French schools talking about themselves.

Elise
a) How old is she?
b) How does she describe her hair?
c) What is her favourite sport?

Vincent
a) How many brothers does he have?
b) What is his brother-in-law's job?
c) What does Vincent do on Sundays?
d) Who goes with him?
e) What does he want to do when he leaves school?
f) What is the difficulty about this?

Pascal
a) How many brothers and sisters does he have?
b) What does he want to do when he leaves school?
c) When does he have time for sport?
d) What has he won at tennis?
e) Why will it be more difficult for him to win next year?

Nicole
a) How old is she?
b) State *two* things she says about where she lives.
c) What does she want to do as a career?
d) What animals does she especially like?
e) Explain exactly why it should be easy for her to find work near home when she has qualified.
f) What sport does she go in for?

1. Multiple Choice

Elise
a) Elise is
   A 14
   B 15
   C 16
   D 18

b) Her hair is
   A short and fair
   B short and curly
   C short and straight
   D fair and curly

c) Her favourite sport is
   A hockey
   B volleyball
   C swimming
   D tennis

Vincent
a) Vincent has
   A a brother and a sister
   B two sisters and a brother
   C two brothers
   D three brothers

b) He says his brother-in-law is
   A very quiet
   B very pleasant
   C very lazy
   D very intelligent

c) On Sundays, Vincent
   A goes fishing
   B goes fruit-picking
   C goes to see his girlfriend
   D goes swimming

d) When he leaves school, he wants to be
   A a racing-car driver
   B a carpenter
   C a mechanic
   D a car salesman

Pascal
a) Pascal has
   A one brother
   B one sister
   C no brothers or sisters
   D a baby brother

b) When he leaves school he wants to become
   A a physics teacher
   B a primary school teacher
   C an R.E. teacher
   D a P.E. teacher

c) He goes in for sport
   A during the summer holidays
   B in the summer
   C during the school holidays
   D on Sundays

d) It will be harder for him to win at tennis next year because
   A he won't have much time to practise
   B he has just broken his wrist
   C he will have to play seventeen matches
   D he won't be in the junior section any longer

Nicole
a) Nicole is
   A 16
   B 15
   C 13
   D 17

b) She lives
- A   in the town of Bayonne
- B   in a small flat
- C   in a small town
- D   in a village in the mountains

c) When she leaves school she wants to become
- A   a sales assistant
- B   a vet
- C   a nurse
- D   a doctor

d) In the area where she lives there are
- A   a lot of wild animals
- B   a lot of dogs
- C   a lot of children
- D   a lot of sheep

e) In her spare time she likes
- A   making cakes
- B   swimming
- C   going shopping
- D   making her own clothes

2.

Telephone messages:

A

John is staying with his French pen-friend. He is alone in the house when his pen-friend's mother rings.
- **a)** Why is she going to be late?
- **b)** At what time does she expect to get home?
- **c)** State *three* things she says John and Alain can have for dinner.
- **d)** What else does she ask John to do?

B

Linda is staying at a hotel in France with her parents and she receives a phone call from her pen-friend Martine who lives in the next town.
- **a)** Which day does Martine invite Linda to visit her?
- **b)** How does she suggest Linda should travel?
- **c)** What does Martine say she will do?

3.

- **a)** How old is the speaker?
- **b)** What is his job?
- **c)** In what part of France does his family live?
- **d)** State two things you are told about his father.
- **e)** How old is Annette?
- **f)** What does her husband do?
- **g)** Why is it obvious that he is very successful in his work?
- **h)** How old is Jean-Benoit?
- **i)** What is Chantal's job?
- **j)** What is Suzanne's job?
- **k)** Where does Robert work?
- **l)** How old is his youngest brother?
- **m)** How many pets does his brother-in-law have?
- **n)** What colour is Minette?
- **o)** What other car does he have as well as a Renault?
- **p)** What does his wife use the Renault for?
- **q)** State three things you are told about his parents' dog Robbie.
- **r)** What sort of cars does his family prefer?
- **s)** Why does the speaker not have a car?

You are going to hear two French girls describing themselves. Match up their descriptions with the correct
photos.

VOCABULARY

l'école maternelle – nursery school

l'école primaire – primary school

le collège – secondary school

le CES (collège d'enseignement secondaire) – comprehensive school

le lycée – upper school, high school (for pupils aged 14 – 19)

le directeur – the headmaster

la directrice – the headmistress

le professeur – the teacher (secondary school)
le/la prof (colloquial)

l'instituteur – the primary school teacher (man)

l'institutrice – the primary school teacher (woman)

le cours – the lesson

la matière – the subject

la cour – the yard, the playground

la récréation – recreation, break

les mathématiques (maths.) – Maths

la biologie – Biology

la chimie – Chemistry

la physique – Physics

l'histoire(f) – History

la géographie – Geography

le français – French

l'anglais(m) – English

l'allemand(m) – German

l'espagnol(m) – Spanish

l'éducation(f) physique – P.E.

les travaux manuels – Craft

le dessin – Art

l'instruction(f) civique – Social Studies

1.

La communication suivante s'adresse à tous les élèves inscrits en demi-pension dans les écoles de Narbonne et de Carcassonne. Ces élèves, s'ils désirent prendre quotidiennement les autocars de la ligne Narbonne-Carcassonne sont priés de venir retirer, à la gare routière de Narbonne, une carte d'abonnement contre la somme de cinquante francs. Ils devront également fournir deux photos d'identité récentes, et une fiche rose, signée par le chef de leur établissement scolaire.

a) For which particular pupils in Narbonne and Carcassonne schools is this notice intended?
b) Where can they get a season ticket?
c) How much will it cost?
d) What sort of photos must they provide?
e) What else must they provide?

2.

Referring to the timetable below
a) On which days do they have private study?
b) Which foreign languages are taught in this French school?
c) What time does school finish on Thursdays?
d) What sport do they have, apart from gymnastics?
e) When exactly do they have Science?
f) When do they have Craft?
g) When exactly do they have Art?
h) On which morning do they have a double French lesson?
i) How long do they have for lunch?

3.

LYCEE PRIVE CATHOLIQUE
Notre-Dame de Bon Secours,
38, avenue Panchot, Perpignan   Tél. 68 34 04 76

Brevet Supérieur de secrétariat trilingue:
    Français – Anglais – Espagnol ou Allemand
Cycle d'études: deux ans, dont trois mois de stage
Horaires des cours et travaux pratiques:
    33 heures par semaine, dont 10 heures dans laboratoire de langues
Frais d'études: 200F par mois (possibilité de bourses)
Autres renseignements: à demander par lettre ou par téléphone

a) State *two* things you are told about this upper school.
b) What type of job would this course of study prepare you for?
c) Which foreign language is compulsory on this course in a French school?
d) How long does the course last?
e) How much of this time is spent on work experience?
f) How much time per week is spent in the language laboratory?
g) How much are the fees for the course?
h) What help with fees might you be able to get?
i) How can you get more information about the course?

	LUNDI	MARDI	MERCREDI	JEUDI	VENDREDI	SAMEDI
8h.	anglais	espagnol/ allemand	français	français	histoire	
9h.	français	étude	français	instruction civique	maths	géographie
10h.	maths	sciences	maths	anglais	natation	dessin
11h.	gymnastique	sciences	étude	travaux manuels	natation	dessin
12h.			DEJEUNER			
14h.	histoire	anglais		espagnol/ allemand	espagnol/ allemand	
15h.	géographie	français		français	français	
16h.				maths		

APPRENDRE L'ANGLAIS GRÂCE AU CINEMA

On annonce pour plus tard cette année 'l'anglais en vidéo' – la première méthode d'apprentissage des langues utilisant la vidéo. Les élèves de seconde pourront désormais apprendre l'anglais avec Groucho Marx, Laurel et Hardy, Gary Cooper et Robert Mitchum. La méthode comprend une vidéo-cassette de 2h 30 avec neuf extraits de films, plus des cassettes et un manuel. Une méthode semblable destinée aux élèves de première paraîtra l'an prochain.

a) In what way is this language course a 'first'?
b) For pupils of what age is it intended?
c) How long does the video last?
d) What are the other two items of the course material?
e) What exactly is planned for next year?

A VOS CARTABLES !

Le plus grand complexe scolaire de notre ville est, bien sûr, le CES (Collège d'enseignement secondaire) de Coursan. Sept cent cinquante élèves de la ville et des villages de la région le fréquentent journalièrement.

Cet ensemble est dirigé par M.Astruc, principal, et le corps enseignant comprend quarante professeurs.

La municipalité a profité des grandes vacances pour effectuer certains travaux. Cette année ce sont les laboratoires de physique qui ont été réaménagés.

Réfection également de la peinture dans les cuisines avant les grands travaux prévus pour l'été prochain. En effet, la municipalité projette d'instaurer un self-service pour la rentrée 84–85.

En '83, cinq cent cinquante repas environ ont été servis tous les jours.

a) How many pupils go to this school?
b) Where do the pupils come from, as well as Coursan itself?
c) Who is M. Astruc?
d) How many teachers are there?
e) Which teaching rooms have been renovated this summer?
f) What has been done to the kitchens this summer?
g) What change is planned for next year?
h) How many meals were served daily in 1983?

EXPLOSION DANS UN COLLEGE

Deux inspecteurs mènent l'enquête sur l'explosion qui a détruit le collège de Vercy. L'explosion a eu lieu pendant la nuit du 20 septembre. Il était 23 heures dimanche quand M. Leroux, directeur du Collège, et sa femme sont rentrés chez eux après avoir passé la soirée chez des amis. L'explosion, d'une grande violence, s'est produite au moment où M. Leroux a appuyé sur le bouton électrique pour ouvrir la porte d'entrée. Entendue à des kilomètres à la ronde, l'explosion a détruit le bâtiment de trois étages. Plusieurs voitures en stationnement ont été soulevées de terre et projetées en l'air. Des matériaux pesant des centaines de kilos ont été précipités à deux cents mètres à la ronde et des débris ont blessé huit personnes qui passaient dans leurs voitures à ce moment sur la route nationale.

A l'intérieur du bâtiment, leurs deux enfants ont été enterrés sous les ruines et n'ont été dégagés qu'à une heure du matin. L'explosion aurait pu provoquer une véritable catastrophe si elle avait eu lieu vendredi prochain, jour de la rentrée scolaire qui devait accueillir 600 élèves et 35 professeurs. Selon l'enquête il y a eu une fuite de gaz et le gaz s'est accumulé sous le bâtiment, ce qui a provoqué cette terrible explosion.

CSE Mode 2, LREB 1984

a) Who was M. Leroux?
b) What did M. Leroux do to set off the explosion?
c) How many floors did the building have?
d) What happened to several parked cars?
e) What did the flying debris do?
f) Who was buried under the building?
g) Why would there have been a catastrophe if it had happened the following Friday?
h) What seems to have been the cause of the explosion?

The passage on the next page is an extract from *Le Petit Nicolas*, one of a series of books extremely popular in France with children and young people.
A 'carnet' is a report book which all French school pupils have. It is filled in by teachers and taken home to parents who must sign to show that they have seen it. This is done on a regular monthly or even weekly basis.
After you have read the passage, answer the questions below.
a) What are you told about the headmaster's mood when he came in?
b) According to the headmaster what proved that these pupils were a bad class?
c) State the *two* ways in which Clotaire was punished by his parents for having bad reports.
d) State *two* things said about Nicolas in his report.
e) What is said in Rufus' report about his behaviour towards his classmates?
f) State *two* things said about Agnan in his report.
g) State *three* things the pupils usually did as they left the classroom.
h) How did they leave the classroom on this particular day? (Mention 2 points)

---

i) Why can Nicolas' father not show him his prizes?
j) What *two* punishments does Nicholas expect to receive?
k) Where were Nicolas' parents when he arrived home?
l) What was his father complaining about?
m) What was his mother's reply? (Mention 2 points)
n) How do you know that Nicolas' father did not read the report?
o) Why does Nicolas feel that his parents don't love him?

LES CARNETS

Cet après-midi, à l'école, on n'a pas rigolé, parce que le directeur est venu en classe nous distribuer les carnets. Il n'avait pas l'air content, le directeur, quand il est entré avec nos carnets sous le bras.

'Je suis dans l'enseignement depuis des années, ' il a dit, le directeur, 'et je n'ai jamais vu une classe aussi dissipée. Les observations écrites sur vos carnets par votre maîtresse en sont la preuve.'

Et Clotaire s'est mis à pleurer. Clotaire c'est le dernier de la classe et tous les mois, dans son carnet, la maîtresse écrit des tas de choses et le papa et la maman de Clotaire ne sont pas contents et le privent de dessert et de télévision. Ils sont tellement habitués, m'a raconté Clotaire, qu'une fois par mois, sa maman ne fait pas de dessert et son papa va voir la télévision chez des voisins.

Sur mon carnet à moi il y avait: 'Elève turbulent, souvent distrait. Pourrait mieux faire.' Et sur le carnet de Rufus il y avait: 'Elève dissipé. Se bat avec ses camarades. Pourrait mieux faire.'

Le seul qui ne pouvait pas faire mieux, c'était Agnan. Lui, c'est le premier de la classe, et le chouchou de la maîtresse. Le directeur nous a lu le carnet d'Agnan: 'Elève appliqué, intelligent. Ira loin dans la vie.' Le directeur nous a dit qu'on devrait suivre l'exemple d'Agnan, que nous étions des vauriens, que nous finirions en prison et que ça ferait sûrement beaucoup de peine à nos papas et à nos mamans qui devaient avoir d'autres projets pour nous. Et puis il est parti.

Nous, on était bien embêtés, parce que les carnets, nos papas doivent les signer, et ça, ce n'est pas toujours très rigolo. Alors, quand la cloche a sonné la fin de la classe, au lieu de courir tous à la porte, de nous bousculer, de nous pousser et de nous jeter nos cartables à la tête comme nous faisions d'habitude, nous sommes sortis doucement, sans rien dire. Même la maîtresse avait l'air triste.

Et maintenant, il fallait que je rentre chez moi. Papa, je savais bien ce qu'il me dirait. Il me dirait que lui, il était toujours le premier de sa classe et qu'il rapportait de l'école un tas de prix et qu'il aimerait me les montrer mais qu'il les a perdus. Et puis, papa me dirait que je n'arriverais à rien, que je serais pauvre et que les gens diraient ça c'est Nicolas qui avait de mauvaises notes à l'école. Et puis il dirait que je n'aurais pas de dessert et pour ce qui est du cinéma, on attendra le prochain carnet. Il va me dire tout ça, mon papa, comme le mois dernier et le mois d'avant, mais moi, j'en ai assez. Je vais lui dire que je suis très malheureux, et que puisque c'est comme ça, eh bien je vais quitter la maison et partir très loin et on me regrettera beaucoup et je ne reviendrai que dans des tas d'années quand j'aurai beaucoup d'argent. En pensant à tout ça je suis arrivé à la maison et je suis entré. Dans le salon, papa était en train de parler avec maman. Il avait des papiers sur la table devant lui et il n'avait pas l'air content.

'C'est incroyable,' disait papa, 'à voir ce que l'on dépense dans cette maison, on croirait que je suis un multi-millionnaire. Regarde ces factures! Cette facture du boucher! Celle de l'épicier!'

Maman n'était pas contente non plus et elle disait à papa qu'il n'avait aucune idée du coût de la vie et qu'un jour il devrait aller faire des courses avec elle.

Moi, alors, j'ai donné mon carnet à papa. Papa, il a ouvert le carnet, il a signé et il me l'a rendu. Et puis il a dit à maman:

'Tout ce que je demande c'est que l'on m'explique pourquoi le gigot coûte ce prix-là!' Et moi, je suis monté dans ma chambre, je me suis couché sur le lit et je me suis mis à pleurer.

Parce que si mon papa et ma maman m'aimaient, ils s'occuperaient un peu de moi!

From *Le Petit Nicolas* by Sempé-Goscinny

1.

Madame Blanchard is a 'conseillère d'education' in a French CES. She can best be compared to a Head of House or Year in a British secondary school. You are going to hear some of the queries she deals with in her office one morning before classes begin.

a) What has Monique come to tell Madame Blanchard?
b) Why is her mother in hospital?
c) What does Monique ask?
d) What exactly is Madame Blanchard's reply?

e) What has Etienne lost?
f) When and where had he left it?

g) What does Madeleine want to know?
h) What has Madeleine forgotten to bring to school today?
i) What year and class is Madeleine in?

j) What does Pascal ask?
k) What happened when he found he had no money for his bus fare?
l) On what day of the week are these conversations taking place?
m) Name three things Pascal has lost so far this week.
n) Who found his latest lost item, and where?

2.

School meals in France are usually very good. A pupil who has recently left school gives a personal opinion of school meals.

a) Where did the pupil have lunch when he first went to secondary school?
b) What *two* events happened to change this arrangement, and when?
c) What general comment does he make about the food?

d) On what day did they have veal stew?
e) State *three* things you are told about the sauce of the veal stew.
f) On what day did they often have rabbit stew?
g) What does the speaker say about the rabbits?
h) How often did they have spaghetti?
i) Why was the spaghetti sticky?
j) What did they have as a sauce on the spaghetti?
k) Name *two* sorts of fruit they often had.

l) How long did the lunch break last?

m) State *two* things that the pupils did at the cafe near the school.
n) State *two* facts you are told about the school dining-hall.
o) State *two* things the speaker and his friends did if they stayed in during the lunch hour.
p) State *two* things a few troublesome pupils did.
q) What happened to these pupils?

3.

The four young people you are going to hear all attend the Lycée Français, a school in London for French-speaking pupils.

Frederic
a) How old is Frederic?
b) He says he is in class S2. What do you think 'S' probably stands for?
c) What nationality is he?
d) What does he want to study at university?
e) How long has he been living in London?
f) Where exactly did he live before coming to London?

Yestine
a) What does he do at weekends?
b) What does he like about life in London?
c) Where did he live before he came to London?
d) From what he says about his further studies, which two careers might he be aiming for?

Miriam
a) What nationality is Miriam?
b) What did she find difficult when she was first in London?
c) Miriam says she will be taking the 'bac.A'. What subjects does this include?
d) Name the two careers she might follow?
e) What is her favourite hobby?
f) How much time is devoted to sport at the lycée?

Gail
a) How long has Gail been living in London?
b) What subjects is she going to specialise in?
c) In which country does she want to live?
d) Why is English weather a particular shock for Gail?
e) What does she say about English people and her relationships with them?

VOCABULARY

LES MAGASINS

l'alimentation(f) – general food shop

le marché – market

le supermarché – supermarket

l'hypermarché(m) – hypermarket (very large super-market)

la boucherie – butcher's shop

la boulangerie – baker's shop

la confiserie – sweet shop

la charcuterie – delicatessen

l'épicerie – grocer's shop

la librairie – book shop

la pâtisserie – cake shop

la papeterie – stationer's shop

la pharmacie – chemist's shop

la quincaillerie – hardware shop

le tabac – newsagent's & tobacconist's

libre-service – self service

soldes – sales

faire des achats – to go shopping

faire du lèche-vitrines – to go window shopping

en promotion – special offer

la vitrine – shop window

DANS LES MAGASINS

le beurre – butter

le café – coffee

le thé – tea

la confiture – jam

les conserves(f) – tinned-goods

les produits surgelés – frozen foods

le fromage – cheese

l'oeuf(m) – egg

le jambon – ham

le pâté – pate

une tranche – slice

les plats cuisinés – ready-cooked (takeaway) dishes

le saucisson – dry sausage (salami style)

le sel – salt

le sucre – sugar

le vin rouge/blanc – red/white wine

l'eau minérale – mineral water

le yaourt – yoghourt

une boîte – tin, box

la boîte d'allumettes – box of matches

la caisse – cash desk

la livre – pound (weight and money)

une demi-livre – a half-pound

un paquet – packet

la baguette – French stick loaf

les bonbons – sweets

la carrotte – carrot

le chou – cabbage

le chou-fleur – cauliflower

la fraise – strawberry

la framboise – raspberry

les haricots verts – (green) beans

la laitue – lettuce

l'oignon(m) – onion

la pêche – peach

les petits pois – peas

la pomme – apple

les pommes de terre – potatoes

la poire – pear

le raisin – grapes

la salade – salad

la tomate – tomato

la viande – meat

le boeuf – beef

l'agneau(m) – lamb

le gigot – leg of lamb

le porc – pork

le veau – veal

la côtelette – chop, cutlet

le médicament – medicine

le cachet
le comprimé – tablet, pill

la brosse à dents – toothbrush

le dentifrice – toothpaste

le savon – soap

le blouson – zip-up jacket

le bonnet (en laine) – woollen hat

les bottes(f) – boots

le chapeau – hat

les chausettes(f) – socks

les chaussures(f) – shoes

la chemise – shirt

la chemise de nuit – nightdress

le chemisier – woman's shirt, blouse

le collant – tights

la cravate – tie

l'écharpe(f) – scarf

le foulard – scarf

les gants(m) – gloves

la jupe – skirt

le maillot de bain – swimsuit

le manteau –coat (woman's)

le pardessus – overcoat (man's)

le mouchoir – handkerchief

le pantalon – trousers

le parapluie – umbrella

la robe – dress

la robe de chambre – dressing gown

le sac (à main) – handbag

la veste – jacket

la taille – size (clothes)

la pointure – size (shoes)

à carreaux – checked

rayé – striped

en coton – made of cotton

en laine – woollen

en cuir – leather (made of)

le rayon – department

la caisse – cash desk

l'ascenseur – lift

EN VILLE

la banque – bank

la bibliothèque – library

la cabine téléphonique – telephone box

le centre commercial – shopping centre

la cathédrale – cathedral

l'église(f) – church

la gendarmerie
le commissariat – police station

la mairie
l'hôtel de ville – town hall

le musée – museum

le passage clouté – zebra crossing

le parc
le jardin public – park

la place – square

la poste
PTT – post office
P et T

la boîte aux lettres – letter box

la piscine – swimming-pool

la patinoire – skating rink

la Maison des Jeunes – youth club

le stade – football ground/sports ground

le Syndicat d'Initiative
l'office du tourisme – tourist office

le théâtre – theatre

le trottoir – pavement

près de – near

loin de – far

en face (de) –opposite

à côté (de) – next to

au coin (de) – on the corner

la zone piétonne – pedestrian precinct

le quartier – district

LES RESTAURANTS

la carte – menu (list of everything available)

le menu – set menu, i.e. the meal at a given price (the 'carte' will show menus at different prices)

l'assiette anglaise – plate of assorted cold meat, ham etc.

les crudités(f) – fresh raw vegetables served as first course with dressing

les fruits de mer – shellfish

les hors d'oeuvre(m) – first course, starters

le plat du jour – dish of the day

le potage – soup
la soupe

le canard – duck

le poulet rôti – roast chicken

le lapin – rabbit

le mouton – mutton

les huîtres(f) – oysters

les moules(f) – mussels

la truite – trout

le saumon – salmon

le saumon fumé – smoked salmon

le champignon – mushroom

le riz – rice

maison – (as an adjective) home-made

la bière – beer

le cidre – cider

la boisson – drink

le café noir – black coffee

le café crème – white coffee (in a café)

le café au lait – white coffee (at home) (at breakfast in a hotel)

la glace – ice cream

le gâteau – cake, gateau

commander – to order

service (non) compris – service (not) included

en sus – extra

l'addition(f) – the bill

1.

For each item, write down where you would need to go:

a) You want to buy some bread.

    A. PATISSERIE   *B.* BOULANGERIE   *C.* BOUCHERIE   *D.* QUINCAILLERIE

b) You want to buy some aspirins.

    A. CHARCUTERIE   *B.* LIBRAIRIE   *C.* PHARMACIE   *D.* CONFISERIE

c) You want a plan of the French town where you are staying.

    A. HÔPITAL   *B.* EGLISE   *C.* MAIRIE   *D.* SYNDICAT D'INITIATIVE

d) You want to change some travellers cheques.

    A. MARCHE   *B.* BANQUE   *C.* HÔTEL DE VILLE   *D.* JARDIN PUBLIC

e) You want a bus timetable.

    A. GARAGE   *B.* MUSEE   *C.* COMMISSARIAT   *D.* GARE ROUTIERE

f) You want to buy a skirt.

    A. NETTOYAGE A SEC   *B.* BIJOUTERIE   *C.* PRÊT-A-PORTER DAMES   *D.* MERCERIE

g) You have lost your passport.

    A. POSTE   *B.* COMMISSARIAT   *C.* BUREAU DE CHANGE   *D.* MAISON DES JEUNES

h) In a large shop, you want to pay for the things you have bought.

    A. SORTIE   *B.* ASCENSEUR   *C.* ENTREE   *D.* CAISSE

i) You want to buy a toy for your baby brother.

    A. BIBLIOTHEQUE   *B.* TABAC   *C.* BIJOUX   *D.* JOUETS

j) You want the part of the town where all the shops are.

    A. RUE PIETONNE   *B.* CENTRE COMMERCIAL   *C.* CENTRE VILLE   *D.* ATTENTION TRAVAUX

2.

LIQUIDATION TOTALE!
prêt-à-porter   féminin
chaussures — bijoux — rayon enfants

Name *three* things you can buy here.

3.

SOLDES!

RABAIS DE 10%	RABAIS DE 20%
meubles	*machines à laver*
tapis	*congélateurs*
céramique	*couvertures*
verrerie	*draps*

DEPÊCHEZ-VOUS! TROIS DERNIERS JOURS

a) Name *two* items on which there is a 20% discount.
b) Name *two* items on which there is a 10% discount.
c) Why must you hurry?

4.

a) What is the address of the shop where you could get your clothes cleaned?
b) You want to buy some pâté and a chicken. Which shop should you go to?
c) Your French friends want to redecorate their living-room. Which shop would they go to?
d) You want to buy some knitting wool. Which shop will you go to?
e) You want to buy some presents. Which shop should you go to?
f) What is sold at the shop called DENIS, as well as fish?
g) Where would you go to buy a pair of shoes?

4. Multiple Choice

a) At Henri DELMAS' shop you can buy:
   A artist's materials
   B men's clothes
   C wallpaper
   D secondhand clothes

b) At the Pressing Coursannais:
   A they sell furniture
   B they send someone to clean your house
   C you can get your car washed
   D they dry-clean leather clothes

c) At Odette BLANC's shop you can buy:
   A women's and children's clothes
   B jumpers and cardigans
   C make-up and perfumes
   D baby clothes and knitting wool

d) There is a shop which sells poultry:
   A in the rue Emile Zola
   B in the rue du Dr. Ferroul
   C in the Avenue Jean Jaurès
   D in the rue des Malheuls

e) At the shop called DENIS you can buy:
   A medicines
   B freshly baked bread
   C cheese
   D oysters

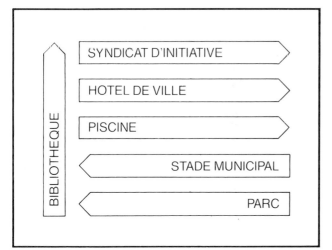

a) Which way is the Town Hall?
b) What building is straight ahead?

0631020

a) How much do peaches cost?
b) What costs 17 francs a kilo?
c) How much are lettuces?

CONTRE MOUCHES ET MOUSTIQUES LA BOMBE JAUNE Néocide® fulgurant

a) What is this product used for?
b) Néocide is
   A   a liquid
   B   a spray
   C   a powder
   D   a cream

Look at these restaurant advertisements and then answer the questions.

LE SCORPION

RESTAURANT

Cadre agréable

Spécialités de salades et de brochettes
Ouvert de midi à 1 h du matin

Presqu'île 2-11430 PORT-GRUISSAN
Réservation : (68) 49-26-05

BAR - GLACIER

Spécialités de glaces et cocktails exotiques

Place Barberousse, 11430 PORT GRUISSAN
Ouvert de 10h à 2h du matin

BAR-HOTEL
RESTAURANT
Spécialités fruits de mer

LE GRAND SOLEIL Front de mer

GRUISSAN-PLAGE

Tél. (68) 49-01-13

MATTERA Claude
« L'ARGONAUTE »
Bar - Glacier - P.M.U.
11430 PORT-GRUISSAN
Tél. (68) 49-02-50

a) If you want a meal very late at night which restaurant will you choose?
b) Which bar stays open very late?
c) If you like eating kebabs which restaurant will you choose?
d) Which of these places is right beside the sea?
e) If you wanted an ice-cream where would you go?
f) If you like eating seafood where will you go?

RESTAURANT DU PARC
Menu Touristique   65F

potage du jour
crudités
charcuterie
~
rôti de porc
coq au vin
escalope de veau
avec
petits pois ou carottes
pommes frites ou riz
~
crême caramel
glaces
fromage
~
¼ vin
ou ¼ bière
Service compris   ou ¼ eau minérale compris

a) If you like ham, salami, and other cold meats, which starter will you choose?
b) If you want a hot starter what will you choose?
c) If you want a chicken dish as main course what must you choose?
d) Name one other type of meat available.
e) If you don't want chips, what is the alternative?
f) What can you have if you don't want caramel cream or an ice?
g) Name the three drinks you can choose from.

ENFANTS
RESTAURANT
GRATUIT

Commencez bien votre week-end. Samedi, à midi, offrez-vous tranquille et en famille l'Italie, le ristorante : La Sardegna. Ce restaurant vous accueille avec vos enfants et leur **offre gratuitement**, s'ils ont moins de 12 ans, le repas de leur rêve : des pâtes, des sardis (beignets de ricotta avec des épinards), des crostines (toasts à la mozzarella) et pour le dessert la ricotta sucrée ou les gelati. Et pendant ce temps-là, en face, au parking de la place Saint-Honoré, on gardera et on lavera votre voiture. La dame des lieux, à la fois pompiste et brocanteuse, vous présentera sa facture entre ses bibelots (qu'elle vend aussi...).
La Sardegna, 23, place du Marché-Saint-Honoré, Paris-1er. Gratuit pour les enfants le samedi seulement.   **S.T.**

a) Who may eat free of charge in this restaurant?
b) When does this offer apply?
c) What can be done while you are eating your meal?

1.

You are going to hear people asking the way in a French town.

For each conversation, write down where the person wants to go, and the directions for getting there.

2.

You are going to hear three advertisements announced in a large French department store.

a) i) What is today's speciality?

ii) Where are there big reductions?

b) i) What can be bought for 45 francs?

ii) What is offered at 70 francs?

iii) What *two* other items are mentioned?

c) i) Name one item on special offer.

ii) Where do you go to buy it?

CSE Mode 2, LREB 1985

3.

Each letter on the plan below is a building in the town, e.g. the post office, the museum.

Write down the letters *A* to *F* under each other, then, after each conversation on the tape, write the name of the building mentioned beside its correct letter.

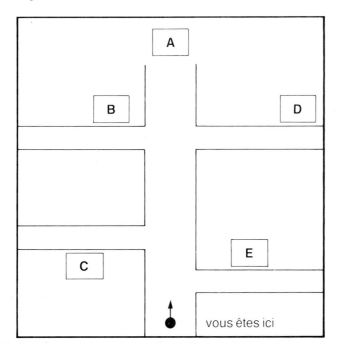

4.

This is similar to Exercise *3*, but this time you must list the letters *A* to *K*. Beside the letter *B* write 'town hall'.

Now listen to the tape, and after each conversation write the name of the building mentioned beside the correct letter.

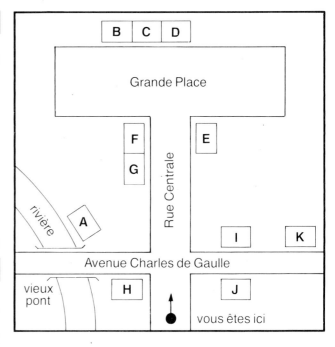

5.

a) How much will the price of a 'baguette' increase?

b) In which two regions will the new price be 1F60?

CEE, SEREB 1983

6.

a) Why did the youth want to steal the chains?

b) Where did he attempt to hide them?

c) What did he do when challenged by a supervisor?

d) How were the chains located?

e) What did he have to do before being released?

CEE, SEREB 1983

7.

People are ordering drinks and snacks in a café. You will hear six people give their orders. Write down what each person wants.

8

Sylvie and her boyfriend are having dinner in a smart restaurant. You may find it helpful to look at the menu when answering questions about their meal.

a) What *two* reasons does Sylvie give us for wanting to sit outside?
b) Where is the table they are given?
c) Why are they going to have the expensive menu?
d) What does Sylvie choose after the tomato salad?
e) Who chooses snails?
f) What do they both have as a main course?
g) What sort of wine does Sylvie want?
h) State *two* things Paul says about their main course.
i) What does Sylvie offer to do?
j) Name *four* flavours of ice-cream which are available.
k) Which does Sylvie choose?
l) What exactly does Paul have for dessert?

AU PETIT GOURMET
Menu Gastronomique   120F

jambon de Paris
salade de tomates
melon au porto
½ dz. escargots de Bourgogne

moules marinière
saumon poché
truite aux amandes
sole normande

escalope de veau, sauce madère
carbonnade de boeuf
canard à l'orange
coq au vin
haricots verts   ou salade
pommes vapeur   ou frites

fruits de saison
glaces
ananas au kirsch
tarte du chef

UNIT 5   LES LOISIRS

la boum   – party
la surprise-partie

les distractions(f) – amusements

s'ennuyer – to be bored

l'exposition(f) – exhibition

jouer aux échecs/au football/aux cartes – to play chess/football/cards

le loisir – spare time

les loisirs – spare time (*also* spare time occupations, hobbies)

le passe-temps – pastime

quelquefois – sometimes

de temps en temps – from time to time

souvent – often

une fois/deux fois par semaine – once/twice a week

jouer du piano/de la guitare – to play the piano/the guitar

l'émission(f) – programme (on radio or TV)

les actualités(f) _ news
les informations(f)

le feuilleton – serial

la pièce – play

l'équipe(f) – team

marquer un but – to score a goal

gagner – to win

l'équitation – horse-riding

la natation – swimming

le patinage – skating

faire une promenade – to go for a walk

faire une promenade à vélo/en bateau – to go for a cycle ride/to go out in a boat

faire de la voile – to go sailing

faire de la planche à voile – to go windsurfing

aller à la pêche – to go fishing

le billet – ticket

la place – seat (cinema, theatre, etc)

le chanteur/la chanteuse – singer

le cirque – circus

le dessin animé – cartoon (film)

le film d'espionnage – spy film

le film d'épouvante – horror film

le film policier – thriller

la séance – showing, performance (of film)

le spectacle – show

1.

ACTIVITÉS SPORTIVES ET CULTURELLES OLORONAISES

AVIATION
A partir de l'aérodrome d'Oloron-Hérrère ; circuits touristiques, baptêmes de l'air, école de pilotage, vol moteur et vol à voile.
- Renseignements : à l'Office du Tourisme ou à l'Aéro-Club d'Oloron - Tél. 59 39 07 05

F.C.O. OMNISPORTS
Siège social : 3, rue Saint-Grat - Tél. 59 39 03 01

PISCINE TOURNESOL
Climatisée, bassin de 25 mètres, couverte, chauffée, au stade municipal, direction route d'Arette.

PÊCHE (Truites, saumons)
Cartes, chez :
— L'Arcane, rue Jéliotte ;
— M. Mainhagu, rue Carrérot ;
— M. Pascal, rue Justice ;
— Grégoire, rue de la Gare ;
— Grèen, résidence Carrérot ;
— M. Sayous, rue St-Grat.

CENTRE EQUESTRE (Château de Goès)
- Manège,   - Concours,
- Gymnastique,   - Randonnées,
- Parcours,

S.C.O.V.A. (Tél. 59 32 02 37)
Organisation de sorties collectives et de compétitions de ski, dont le célèbre Trophée du pic d'Anie. Les compétitions sont publiées au calendrier du Comité régionale de ski.

CLUB ALPIN FRANÇAIS
Siège : Office du Tourisme - Tél. 59 39 98 00
Toutes activités de montagne.

FÉDÉRATION FRANÇAISE DE PÉTANQUE
Calendrier des rencontres, à l'Office du Tourisme.

BOULES LYONNAISES et QUILLES DE NEUF
Renseignements à l'Office du Tourisme.

BALL-TRAP
Tir, tous les samedis après-midi, de 14 h. à la nuit. Ouverture : dernier samedi d'avril jusqu'à fin août. Situation : a côté de l'aérodrome d'Hérrère.

CYCLOTOURISME
Section Messier. Goès, randonnées permanentes l'été, circuits divers, renseignements à l'Office du Tourisme.

AERO-MODELISME
Terrain d'entrainement près du terrain d'aviation.

MOTO-CLUB OLORONAIS
Siège au Sprint-Bar, avenue Tristant-Dérème.

CLUB LÉO-LAGRANGE : Siège Salle Palas.
- Ski ;   - Bibliothèque ;
- Gymnastique ;   - Randonnée ;
- Photo ;   - Yoga (Tél. 59 39 82 47)
- Reliure - Dorure ;

HARMONIE MUNICIPALE
A 21 h. : Concert gratuit, tous les jeudis au jardin public.

SPÉLÉO-CLUB : Bd. H. Laclau.

a) State *three* things you are told about the swimming pool.

b) Where should you go if you are interested in horse-riding?

c) What number should you phone if you want to know about skiing competitions?

d) Where could you find a library?

e) What number should you phone if you want to know about mountain climbing?

f) What *two* types of fish can be caught locally?

g) Where does the motorbike club meet?

h) i) When and where could you hear some music?
    ii) What does it cost?

2.

Concours de pêche dimanche à Homps

La société de pêche d'Homps, «Les pescofis d'entre deux eaux» organise dimanche matin un concours sur les berges du Canal du Midi, concours comptant pour le critérium de l'Aude.

Il est doté de 3.000 F de prix, d'une coupe de la municipalité au vainqueur, une coupe au premier enfant, une coupe à la première dame.

Les inscriptions seront prises à partir de 6 h 45 sur le port.

Tirage au sort à 7 h 30. Pêche à 8 h 30.

Engagements: adultes, 30 F; enfants, 20 F.

a) What sporting event is being advertised?

b) When and where will it take place?

c) Who will get a cup, as well as the winner?

d) At what time will the actual event begin?

e) How much will it cost for a child to enter?

3.

CINEMAS

Kursaal. – A 21 h 15: «Les Prédateurs», avec Catherine Deneuve, David Bowie, Susan Sarandon.

Alcazar. – A 21 h 15: «La Boum en folie».

Club. – A 21 h 15: «Les Bourgeoises de l'amour» (interdit aux moins de 18 ans).

Vox (cinq salles). – A 14 h 10 et à 20 h 10: «L'Eté meurtrier»; à 14 h 10, à 20 h 10 et à 22 h 30: «Tonnerre de feu», «Le crime», «Superman III», «Yor, le chasseur du futur»; à 22 h 30: «Une femme à sa fenêtre».

a) Which cinemas only have evening performances?

b) Where and when can you see a Superman film?

c) Where is there a film for adults only?

Dinan

RÉDACTION: résidence »Carnot«. rue du Colombier, DINAN, tél. 39.00.97.

DISTRIBUTION DU JOURNAL A DOMICILE AVANT 7 h 30: 34, rue Haute-Voie, tél. 39.21.07.

PUBLICITÉ: résidence »Carnot«, rue du Colombier, tél. 39.47.23.

HAVAS VOYAGES: 21, rue Thiers, tél. 39.30.85.

Aujourd'hui

LOISIRS

AÉRO CLUB DE DINAN: baptême de l'air, promenades aériennes sur la côte et la Rance.

CENTRE HIPPIQUE DE NONCHAUX: Quévert-Dinan, tél. 84.46.62.

TENNIS-CLUB DE LA RANCE: Taden, courts couverts en terre battue, salle de squash, de 7 h à 24 h, tél. 39.74.63.

BRIDGE-CLUB: 26, rue de Léhon, tél. 39.24.93.

TENNIS: route de Ploubalay, de 9 h à 18 h, tél. 39.57.60; courts couverts, route de Dinard, de 9 h à 22 h, tél. 39.27.77.

PISCINE CANETON: cité Lécuyer, tél. 39.56.13. de 15 h à 20 h.

MUSÉE DU CHATEAU DE LA DUCHESSE ANNE: de 9 h à 12 h et de 14 h à 19 h.

PISCINE DES POMMIERS: Léhon, tél, 39.21.00. de 9 h à 12 h et de 13 h 30 à 19 h.

EXPOSITIONS

ATELIER D'ART IZABEL: 1, rue de la Larderie, de 9 h à 12 h et de 14 h à 19 h, peintures sur soie.

MAISON DU GISANT: 13, rue de L'Horloge, »Les artisans créateurs du pays de Dinan«.

HOTEL DES CHEVALIERS DE BEAUMANOIR: 1, rue Haute-Voie, peintures et gouaches de Gilbert-L'HÉRITIER.

CINÉMAS

FAMILIA 1, à 14 h 15 et 20 h 30: Superman III.

- A 22 h 30: L'Amérique en folie (interdit aux moins de 18 ans).

FAMILIA 2, à 20 h 30: La guerre du feu.

- A 22 h 30: Les yeux de la forêt.

CELTIC, à 21 h: Tootsie.

- A 23 h 15: La révolte des jeunes loups (interdit aux moins de 18 ans).

RÉUNIONS

AMICALE DES ANCIENS MARINS: réunion à 18 h chez »Yvette«, rue Saint-Maio.

MAIRIE: à 20 h 30, réunion sur le sport.

COLLÈGE ROGER-VERCEL: réunion de handball à 20 h 30 (amicale laique).

DIVERS

COMBAT DE BAZEILLES: 113ᵉ anninversaire, remparts de Dinan, entre la porte Saint-Maio et la tour Beaumanoir. A 21 h 15, prises d'armes.

DANS LES ENVIRONS

BRUSVILY; à 20 h 30, salle des fêtes, réunion des jouers de tennis.

SAINT-SOLEN: à 20 h 30, salle des fêtes, réunion de l'association sports et loisirs.

PLOUBALAY: »Les 6 heures de plaisir«, de 12 h à 18 h. 18 h 30, essais officiels et obligatoires des 24 heures.

EVRAN: à 15 h, mairie, cours de couture.

a) Where could you go swimming between 7.00pm and 8.00pm?

b) Where could you play tennis in bad weather without joining a club?

c) Where could you see an exhibition of paintings on silk?

d) If you want to go to a late film but you are under 18, which film must you choose?

e) Where and when can you have lessons in sewing?

LA LETTRE DE LA QUINZAINE

MES PARENTS N'AIMENT PAS LA MUSIQUE MODERNE

Que feriez-vous à ma place pour faire entendre raison à vos parents si vous étiez dans mon cas ? Les miens sont très gentils mais deviennent butés dès que l'on parle de musique. Ils n'acceptent pas les chanteurs modernes, pour eux, tous les chanteurs qui portent un anneau ou qui sont légèrement maquillés sont ou drogués ou homosexuels. Ils n'aiment que les chanteurs de leur époque. Ils comparent les chanteurs actuels à des pantins gesticulant sur scène et depuis qu'ils ont entendu à une émission de radio que les personnes qui utilisent des synthétiseurs sont des techniciens et non pas des musiciens, ils attaquent également les musiciens. Ils vont même jusqu'à dire que les guitaristes ne sont même plus capables de jouer et que l'on ne saurait même plus vérifier si il y a une fausse note. Mais, malgré tout, ils m'ont quand même permis de voir le concert pour l'Ethiopie dans sa totalité. Sympa, quand même !
François Demoulin, 4920 Embourg, Belgique.

a) What is the attitude of the writer's parents when they discuss music?

b) What *two* aspects of certain musicians' appearance do they object to?

c) To what do the parents compare modern singers?

d) What do they say about guitarists?

e) Why does the writer say his parents are, nevertheless, kind?

12 h 00 - Vision Plus

12 h 30 - Le bar de l'été
Avec Guy Criaki, Rose Laurens et C. Jérôme.

13 h 00 - Journal

13 h 35 - Colditz
Série en 13 épisodes.
Avec David McCallum, Joanna David, Noël John-
son, Roy Boyd.
N. 2 « Présumé mort ».

*Simon Carter, lieutenant de l'Armée de l'air, consa-
cre toute sa vie à l'aviation en dépit des appréhen-
sions de sa femme. Au cours d'un raid aérien au-
dessus de l'Allemagne l'avion de Carter est abattu.
Le pilote et le co-pilote blessé, sont hébergés par
un prêtre surveillé par la Gestapo...*

16 h 30 - Croque-vacances
Emission de Claude Pierrard.

18 h 00 - Le rendez-vous de 18 h
● L'almanach de Nicolas le jardinier ● Poésie
avec Jean-Pierre Rosnay.

18 h 10 - Des fauves et des hommes
Document de Jean-Paul Janssen et Raymond
Adam. (Rediffusion).
Dans la forêt équatoriale, la piste, la chasse, puis
la mort d'un éléphant.

19 h 05 - La météo de notre été

19 h 15 - Actualités régionales

19 h 40 - Super défi

19 h 45 - Marions-les
Avec Jacques Lanzmann.

20 h 00 - Journal

20 h 27 - Marions-les (résultats)

20 h 35 - Les sous-doués
Film de Claude Zidi (1980).
Avec Maria Pacôme, Hubert Deschamps, Tonie
Marshall, Raymond Bussières, Daniel Auteuil, Mi-
chel Galabru.

*Les élèves du cours Louis XIV ont obtenu les plus
mauvais résultats au baccalauréat. Afin de mener
ses cancres vers le succès, la directrice décide
d'user de la manière forte. Bien sûr, en retour, ils
lui jouent des tours pendables. Pourtant grâce aux
anti-sèches, ils sont reçus. Dix ans plus tard, ils
sont réunis au cours d'un banquet.*

a) When is the first news bulletin of the day?
b) When can you see a programme about wild animals?
c) When is there a programme of local news?
d) When can you see a programme about gardening?
e) When is there a weather forecast?
f) When can you see a programme in a series of World
War 2 stories?

Toulouse, le 14 avril

Cher Peter,

*Merci pour ta dernière lettre. Tu m'as demandé
ce que je fais pendant mon temps libre. Bien, je
vais te le dire.
Comme tu sais, je suis très sportif. J'aime surtout
la natation, l'équitation, le tennis, et en hiver le
ski. Je fais de la natation presque tous les jours.
Il y a une piscine tout près de chez moi et j'y
vais après les cours.
Le samedi et le dimanche je fais quelquefois de
l'équitation, mais il faut dire que ça coûte assez
cher. Donc, si je suis un peu à court d'argent –
ce qui m'arrive assez souvent! – je joue au tennis
le weekend. C'est beaucoup moins cher, car il y a
des courts de tennis dans le centre sportif.
En hiver, on va, toute la famille, faire du ski à
Font Romeu dans les Pyrénées. C'est fantastique!
L'été dernier on a passé quinze jours en Italie
et j'ai appris à faire de la planche à voile.
J'espère qu'on y retournera l'été prochain.
A part le sport, je ne fais pas grand'chose. Je joue
un peu de la guitare, je regarde la télé, c'est tout.
Ecris-moi bientôt, et raconte-moi ce que tu fais.*

Amitiés

Jean-Paul

a) What has Peter asked Jean-Paul to tell him?
b) How often does Jean-Paul go swimming?
c) Where is the swimming pool?
d) What is the problem about horse riding?
e) Why is it cheap for him to play tennis?
f) What did he learn to do last summer?

Au stade nautique
A vos masques, prêts, plongez !

Ces charmants enfants initiés à la plongée en piscine pourront bientôt goûter les joies de la mer à Socoa. (Photos Marcel Maystre).

Il n'y avait pas foule lundi au stade nautique de Pau. Seule une trentaine de jeunes Palois ne s'étaient pas laissés décourager par la grisaille du temps. Dans le cadre des activités proposées par S.A.V.A.P. 85, (Sport animation vacances à Pau), ils étaient venus s'initier à la plongée sous-marine, au plongeon et à la natation. Une occasion de se perfectionner dans les quatre nages, d'améliorer ses chandelles, ses plongeons arrières ou par les pieds et enfin de découvrir les joies subaquatiques.

Baptême de plongée donc pour la plupart de ces enfants. Equipés de masques, tubas, palmes et scaphandres, ils étaient parés pour leur mise à l'eau. Une initiation qui a pour but de sensibiliser ces jeunes au milieu marin et au comportement sous l'eau.

Exercices de respiration, de contrôle des phénomènes de pression, une première prise de contact avec ce sport qui s'est déroulé dans la bonne humeur et sans peur. Comme l'explique un des moniteurs, les enfants sont de bien meilleurs élèves que les adultes.

Malheureusement ceux qui se découvriront une âme de plongeur devront attendre d'avoir quatorze ans pour s'inscrire dans un club. Et puis les activités du S.A.V.A.P. sont gratuites, il n'en va pas de même pour la pratique de ce sport qui revient assez cher.

Mais que ceta ne décourage pas tous ces néophytes dont les efforts seront récompensés par une sortie en mer à Socoa, organisée par le club sous-marin Pau Océan. Le sable remplacera pour une fois le fond bleuté de la piscine.

---

a) How many children were there at the swimming pool on Monday?
b) State *two* things they were going to learn.
c) What did the monitors say about the children?
d) What *two* problems will the children have if they wish to continue this activity?

1.

While you are staying with Sylvie and her family in France one of her friends, Paul, rings up. You overhear what Sylvie says to him.

a) What does Paul invite Sylvie to go to?
b) What *two* questions does Sylvie ask?
c) At what time does Sylvie finish work on Fridays?
d) What *two* things will she have to do when she gets home?
e) At what time will Paul come to fetch them?

2.

You are listening to a programme about leisure activities on French radio.

a) i) What is this announcement about?
   ii) What is causing the price to rise?
   iii) What is the lowest price you can expect to pay?
   iv) What is the average price?
   v) How can you find cheaper prices?

b) i) What can you learn on these courses?
   ii) What are the age limits?
   iii) To which nationalities is the offer open?
   iv) What number in Paris must you phone?

c) i) How many national parks are there?
   ii) When are they open?
   iii) Name two subjects you can study there.

CEE, SEREB 1985

3.

While staying with your pen-friend in France you interviewed some young people at the youth club about what they do in their spare time.

a) i) When does the speaker go to the cafe?
   ii) What does he do there?
   iii) When does he go to the disco?
   iv) Name two things he might do on a Sunday morning.

b) i) Why does the speaker say she is lucky?
   ii) How often does she go to the youth club?
   iii) What does she go to on Mondays?
   iv) What does she say about the sewing classes?

   v) Name *two* things she might do on a Friday evening, apart from seeing a film.
   vi) What is the advantage of seeing films at the youth club?

c) i) Where does this speaker live?
   ii) What does he say about using his moped?
   iii) What does he go to the youth club for?
   iv) What *two* types of programmes does he like on television?

3. Multiple Choice

For each item, write down the letter of the correct answer.

a) i) During the week he goes out
   A every evening
   B never
   C very little
   D often

   ii) At the café he
   A plays the fruit machines
   B plays cards
   C plays bar football
   D plays chess

   iii) On Sundays
   A he always plays tennis
   B he does his homework
   C he sometimes listens to records
   D he sometimes goes fishing

b) i) She goes to the youth club
   A once a week
   B every evening
   C several times a week
   D only on Fridays

   ii) She likes going to films at the youth club because
   A they always show new films
   B she can talk to her friends
   C it's cheaper than the cinema
   D you don't have to pay

c) i) He lives
   A near the town centre
   B in a village
   C several kilometres from town
   D five kilometres from town

   ii) He doesn't like using his moped
   A when it's raining
   B when he's in a hurry
   C when it's dark
   D when the roads are busy

iii) On TV he likes to watch
   A   documentaries
   B   soap operas
   C   horror films
   D   adventure films

4.

While you are staying in France you receive a lot of invitations.

a) i) Where are you invited to go?

   ii) When and where will you meet?

b) i) Where are you being invited?

   ii) When will this take place?

c) i) Where are you being asked to go?

   ii) At what time will your friend fetch you?

d) i) What is being suggested you could do tomorrow?

   ii) How will you get the necessary equipment?

e) i) What are you being invited to do next Saturday?

   ii) How far do you have to travel?

   iii) How would you get there?

5.

In each of the following items, you have made a request which cannot be fulfilled, but the speaker suggests an alternative. For each one, write down what you cannot do, and the alternative solution suggested.

a) On the telephone

b) At the cinema

c) At the tennis courts

d) On the beach

CSE Mode 2, LREB 1986

6.

While staying in France you are listening to the local radio station and you hear the following announcement.

a) What type of entertainment is this item about?

b) What is the first date you can see this in Rennes?

c) Explain on which days you can see the show.

d) What time will the second show begin?

e) Where can you book seats?

CEE, SEREB 1986

VOCABULARY

l'autoroute(f) – motorway

la route nationale – main road

le conducteur _ driver
le chauffeur

les freins(m) – brakes

en panne – broken down

les heures d'affluence _ rush hour
les heures de pointe

le camion – lorry/van

le poids-lourd – (heavy) lorry

rouler – to travel (in a vehicle)

la moto (cyclette) – motorbike

le vélo – bicycle

une crevaison _ puncture
un pneu crevé

dépasser – to overtake

l'embouteillage(m) – traffic jam

le pare-brise – windscreen

le volant – steering wheel

vérifier – to check

l'essence(f) – petrol

le super – 4 star petrol

l'ordinaire(m) – 2 star petrol

le pneu – tyre

l'aéroport(m) – airport

l'avion(m) – 'plane

le bateau – boat

composter – to date stamp (for railway tickets)

la douane – customs

la consigne automatique – left luggage lockers

la gare – station

la gare routière – bus station

la station de métro – metro station

le billet _ ticket office
le guichet

le chemin de fer – railway

SNCF – French railways

l'autocar(m) _ coach
le car

manquer – to miss

le quai – platform

la voie – track

l'arrêt d'autobus – bus stop

le pont – deck

décoller – to take off

atterrir – to land (planes)

l'horaire(m) – timetable

1.

STATIONNEMENT INTERDIT
jours de marché

When must you not park here?

2.

P
PAYANT
PRENEZ VOTRE TICKET ICI

PLACES VOTRE TICKET DE FAÇON VISIBLE
SUR LA FACE INTERNE DE VOTRE PARE-BRISE.

How are you told to display your parking ticket?

3.

SORTIE DE CAMIONS
DEFENSE DE STATIONNER

Why must you not park here?

4.

Véhicules lents
SERREZ A DROITE

What must slow vehicles do?

5.

PRIORITE AUX PIETONS

Who has the right of way here?

6.

A   *libre service*
SUPERCARBURANT

Avez-vous vérifié
le niveau de votre
huile?

B   *ICI*
pose pare-brise

C   *PNEUS toutes marques*
lavage

vidange

huile

a) Which sign must you look for if the car has a shattered windscreen?
b) Where are you reminded about something? What?
c) Where can you get the oil in your car changed?
d) You have had a puncture, which sign must you look for?

7.

AUX « DEUX ROUES »

Il est interdit de se faufiler entre les voitures.
Est autorisé, en cas d'embouteillage, de continuer à rouler contre le trottoir de droite en dépassant les autos immobilisées, mais attention aux portières ouvertes brusquement.

a) To drivers of what sort of vehicle is this notice addressed?
b) What must they not do?
c) When may they continue to drive alongside the pavement?
d) What are they warned about?

AUTOMOBILE

Un « permis à l'essai » en R.F.A.

Les mauvais conducteurs seront renvoyés à l'école

Le gouvernement ouest-allemand a décidé d'introduire pour les 18-20 ans un « permis de conduire à l'essai » qui ne deviendra définitif que si le titulaire conduit pendant deux ans sans commettre d'infraction grave au code de la route.

Si le novice commet des infractions, il devra prendre des cours de conduite supplémentaires. S'il ne s'y présente pas, ou s'il échoue, son permis provisoire sera annulé.

Dans son projet de loi, destiné à entrer en vigueur au milieu de l'année prochaine, le gouvernement ouest-allemand a défini deux catégories d'infractions : pour les plus graves – feux rouges brûlés, excès de vitesse, refus de priorité, ivres-se au volant, etc., – une seule entorse suffira à renvoyer le candidat à l'école. Pour les autres, comme par exemple la circulation avec des pneus usés ou avec un éclairage déficient, le novice aura droit à une deuxième faute avant de reprendre le chemin de l'auto-école.

Les infractions graves au code de la route de tous les conducteurs ouest-allemands, sont enregistrées par un ordinateur central situé à Flensburg, dans le nord du pays. Chaque infraction vaut un certain nombre de points négatifs, dont l'accumulation provoque le retrait du permis. Un fichier de surveillance spécial sera ouvert pour les jeunes dans l'ordinateur de Flensburg.

a) In which country is this scheme in operation?
b) What must a young driver do if he commits driving offences?
c) What will happen if he doesn't do this?
d) When will the scheme come into force?
e) Give two examples from the text of serious driving offences.
f) Give one example of a minor offence.
g) How are all driving offences in the country referred to recorded?
h) What happens when a driver accumulates too many negative points?

Which sign must you look for? For each question write the letter for the correct sign.

A	SALLE D'ATTENTE	*B*	CONSIGNE
C	ACCES AUX QUAIS	*D*	BUFFET
E	GUICHET	*F*	SORTIE	*G*	HORAIRES

a) You want to buy a ticket.
b) You want somewhere to leave your luggage.
c) You want to find out what time your train leaves.
d) You want the waiting room.
e) You want to go to the platform.

10

N'OUBLIEZ PAS DE COMPOSTER VOTRE BILLET

What does this notice remind you to do?

HEURE	DESTINATION		QUAI
9ᴴ35 1ᵉ ᵉᵗ 2ᵉCL ⑥ SAUF 1/11	**LILLE**	MARQUISE-Rᵗ VIA CALAIS-VILLE Sᵗ OMER	1
9ᴴ53 1ᵉ ᵉᵗ 2ᵉCL Ⓐ	**LILLE**	MARQUISE-Rᵗ VIA CALAIS Vᵉ Sᵗ OMER	B
10ᴴ21 RAPIDE	**CALAIS Mar.**	VIA CALAIS-VILLE CORAIL	2
11ᴴ03 1ᵉ ᵉᵗ 2ᵉCL ✝	**CALAIS Ville**	TOUTES GARES LE HAUT BANC PIHEN	2
11ᴴ30 EXPRESS Ⓐ SAUF 10/11, 26/12 2/1, 29-5	**LONGUEAU**	ETAPLES VIA ABBEVILLE AMIENS CORAIL	3

HEURE	DESTINATION		QUAI
11ᴴ30 EXPRESS ⑥ SAUF 1/11 CIRCULE 10/11, 26/12, 2/1, 29/5	**AMIENS** CORAIL	VIA ETAPLES ABBEVILLE	3
12ᴴ06 1ᵉ ᵉᵗ 2ᵉCL ✕	**MARQUISE Rᵗ**	TOUTES GARES	1
12ᴴ20 1ᵉ ᵉᵗ 2ᵉCL SEMARE	**ARRAS**	ETAPLES VIA HESDIN Sᵗ POL	2
12ᴴ22 EXPRESS	**CALAIS Ville**	BOULOGNE Tᴸ VIA WIMILLE Wᵌ MARQUISE Rᵗ LES FONTINETTES	2
12ᴴ27 1ᵉ ᵉᵗ 2ᵉCL ✕	**RANG ᴅᴜ Fʟɪᴇʀs**	TOUTES GARES	1

a) You want to catch the first train to St Omer. Which platform must you go to?

b) You want to catch the earliest possible train to Etaples. What time does it leave?

c) What are you told about the 12.27 train to Rang du Fliers from platform 1?

Calendrier Voyageurs

SNCF

Ce calendrier comporte trois périodes : bleue, blanche et rouge. Choisissez, de préférence, les jours bleus pour voyager plus confortablement et à des prix particulièrement avantageux.

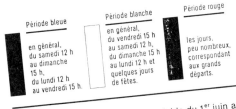

Période bleue	Période blanche	Période rouge
en général, du samedi 12 h au dimanche 15 h, du lundi 12 h au vendredi 15 h.	en général, du vendredi 15 h au samedi 12 h, du dimanche 15 h au lundi 12 h et quelques jours de fêtes.	les jours, peu nombreux, correspondant aux grands départs.

Couples . Familles Jeunes . Séjour .

CARTE "COUPLE/FAMILLE", gratuite et valable 5 ans :
• lorsque 2 personnes figurant sur la carte voyagent ensemble et commencent chaque trajet en *période bleue*, l'une d'elles bénéficie de 50% de réduction, l'autre payant le plein tarif ;
• lorsqu'au moins 3 personnes figurant sur la carte voyagent ensemble et commencent chaque trajet en *période bleue ou blanche*, elles bénéficient de 50% de réduction dès la 2ᵉ personne, la 1ʳᵉ personne payant le plein tarif, les autres le tarif réduit. La réduction "Couple/Famille" s'applique même sur les allers simples.

CARTE "VERMEIL", 68 F au 15 avril 1985 et valable 1 an : 50% de réduction à tout titulaire de la carte. Il suffit de commencer chaque trajet en *période bleue*. Cette réduction est individuelle et valable pour les femmes à partir de 60 ans et pour les hommes à partir de 62 ans. La réduction "Vermeil" s'applique même sur les allers simples.

"CARRÉ JEUNE", 140 F au 15 avril 1985 et valable 1 an. Il permet d'effectuer 4 trajets, avec une réduction de 50% pour chaque trajet commencé en *période bleue* et 20% de réduction pour chaque trajet commencé en *période blanche*. Cette réduction est individuelle et valable pour les jeunes de 12 à moins de 26 ans.

CARTE "JEUNE", 140 F en 1985, valable du 1ᵉʳ juin au 30 septembre : 50% de réduction pour chaque trajet commencé en *période bleue*, et d'autres avantages (1 couchette gratuite, réduction sur d'autres services SNCF...). Cette réduction est individuelle et valable pour les jeunes de 12 à moins de 26 ans.

BILLET "SÉJOUR", 25% de réduction pour un parcours aller et retour ou circulaire totalisant au moins 1 000 km, avec possibilité d'effectuer le voyage de retour soit après un délai de 5 jours ayant comme origine le jour de départ du voyage, ce jour compris, soit après une période comprenant un dimanche ou une fraction de dimanche. Il suffit de commencer chaque trajet en *période bleue*.

BILLET "MINI-GROUPES", 25% de réduction pour un parcours aller et retour effectué par tout groupe d'au moins 5 personnes. Il suffit de réserver au moins 48 h avant chaque voyage et de commencer chaque trajet en *période bleue*.

Toutes ces réductions sont applicables en 1ʳᵉ comme en 2ᵉ classe sur toutes les lignes de la SNCF à l'exclusion de celles de la banlieue parisienne.

AUTRES RÉDUCTIONS "GROUPES", renseignez-vous dans les gares et agences de voyages.

a) Which are the cheapest periods to travel, blue, white or red?
b) How much does a 'Couple/Famille' card cost?
c) How long is a Carte Vermeil valid for?
d) Who is entitled to have a Carte Vermeil?
e) When is a Carte Jeune valid?
f) What age must you be to have a Carte Jeune?
g) As well as the 50% reduction, what other advantages are there if you have a Carte Jeune?
h) What are you told about reservations if you have a 'Mini-Groupes' ticket?
i) Where can you find out about other group reductions?

13.

CONSIGNE AUTOMATIQUE

Choisissez un casier muni de la clef.

1. Ouvrez le casier et placez vos bagages à l'intérieur.
2. Mettez la monnaie dans la fente.
3. Fermez en appuyant sur la porte et conservez la clef.

a) What must you choose?
b) Where must you place a coin?
c) What must you do with the key?

14.

Transports

AÉROPORT

Aéroport de Toulouse-Blagnac
(central de renseignements) 71.11.14
Service de la navigation aérienne 71.11.77
Service de la Météorologie Nationale 71.11.32
Service des Douanes poste 402 . . . . 71.11.14
Police de l'Air poste 415 . . . . 71.11.14
Service de frêt Air France cargot 71.01.53
Taxis aéroport 71.02.54
Autobus, desserte aéroport :
départ gare routière
du lundi au vendredi de 5 h 45 à 22 h.
Le samedi de 6 h à 19 h 15.
Le dimanche de 6 h 45 à 20 h 15 . . . . 71.31.99
Lasbordes - Aéro-Club du Languedoc
(Ecole de pilotage) 20.22.25
Montaudran (Privé Air France) 54.85.85
Francazal (militaire) 07.62.35

AUTOBUS URBAINS ET SUBURBAINS

SEMVAT, 49, rue de Gironis 41.11.41
Bus Information 23.11.02
Bureau de Tourisme, 9, place du Capitole
Bus Information 23.11.02
Service commercial de la clientèle
(renseignements, cartes, objets trouvés)
2, bd de la Marquette 23.11.02

CARS RÉGIONAUX

Gare routière, 68-70, bd P.-Sémard 48.71.84
Courriers de la Garonne,
133, ch. du Sang-de-Serp 47.70.99
SEMVAT, réseau interubain,
20, rue de Stalingrad 23.11.02

CHEMINS DE FER FRANÇAIS (S.N.C.F.)

Gare Matabiau.
Marchandises. Personnel.
Enlèvement bagages
et location de voitures sans chauffeur 63.11.88
Horaires et tarifs voyageurs 62.50.50
Réservations places et couchettes 62.85.44
Division commerciale voyageurs 62.71.71

For each situation given, write down which number you would need to phone.

a) You want information about train times.
b) You left your anorak on a bus.
c) You want to find out about buses to the airport.
d) You want to find out about plane flights from Toulouse to Paris.
e) You want to reserve a seat on a train.
f) You want to hire a car.

1.

At the garage

a) What service does this customer want as well as petrol?

b) i) How much petrol, and what type, does this customer want?

ii) What question does she ask?

c) i) What is this motorist's problem?

ii) When does the garage close?

iii) When will the repair be finished?

iv) What question does the motorist ask?

d) i) How much petrol and what type does the customer want?

ii) What does she want to do?

iii) Where is the machine?

2.

You are going to hear a radio item about road travel.

a) What was the overnight temperature in the north of France?

b) Name *two* types of bad weather mentioned.

c) What type of vehicle was involved in the accident?

d) What happened to it?

3.

a) What was the make and colour of the car?

b) How far is the petrol station from Limoges, and in what direction?

c) What did the person leave behind?

d) What seems to be the likely explanation?

4.

Some young people are saying how they will travel when they go on holiday.

a) i) How will the speaker travel?

ii) Why will he get a reduction?

b) i) Who is she going on holiday with?

ii) How will they travel?

iii) Why is this convenient?

c) i) How will they start their journey?

ii) What will they do at Narbonne?

iii) Where will they stay in the Languedoc?

iv) What will they do before travelling home?

d) i) How will she travel?

ii) Who will pay for her ticket?

iii) What would she do if she had to pay for her holiday herself?

5.

At the railway station
You are making inquiries about trains to Strasbourg.

i) How many trains are there on weekdays?

ii) What are you told about Sunday trains?

iii) How much does a return ticket cost?

iv) How much extra does the TGV cost?

v) What time is the next train?

vi) Which platform does it leave from?

6.

At the airport
You are going to hear some airport announcements.

a) i) What is the number of the Marseille flight?

ii) Which gate must passengers for this flight go to?

b) What message is being given to passengers for Brussels?

c) What are you told about the flight from New York?

d) What time will the plane for Toulouse leave?

7.

On board the cross-Channel ferry

a) i) Where is the restaurant?

ii) When is the snack-bar open?

iii) Name *two* other facilities mentioned on the boat.

b) i) What are people travelling by car asked to do?

ii) What are foot passengers asked to do?

VOCABULARY

à la campagne/mer/montagne – in the country/at the seaside/in the mountains

à l'étranger – abroad

l'auberge de jeunesse – youth hostel

libre/disponible – available

complet – full

louer – to hire

le drap – sheet

la couverture – blanket

interdit
défendu – forbidden

le sac à dos – backpack, rucksack

la poubelle – dustbin

la carte d'adhérent – membership card

le camping – campsite

l'emplacement(m) – site (for tent or caravan)

l'eau potable – drinking water

le bloc sanitaire – building housing showers, toilets, etc.

la lampe électrique – torch

dresser/monter une tente – to put up a tent

le matériel de camping – camping equipment

le sac de couchage – sleeping bag

la pension complète – full board (all meals)

la demi-pension – half board (breakfast & evening meal)

l'ascenseur(m) – lift

donner sur – to overlook

la vue – view

la brochure – brochure

le dépliant – leaflet

la carte – map

partir en vacances – to go on holiday

la plage – beach

la rivière – river

le lac – lake

la vue – view

pittoresque – picturesque

l'excursion(f) – outing, trip

WEATHER

l'averse(f) – shower

le brouillard – fog

la brume – mist

la chaleur – heat

couvert – overcast

ensoleillé – sunny

geler – to freeze

la gelée – frost

le nuage – cloud

l'ombre(f) – shade

l'orage(m) – storm

pluvieux – rainy

sec – dry

souffler – to blow (wind)

le tonnerre – thunder

la foudre – lightning

1.

DELICIEUSE BAVIERE

Tyrol - Autriche - Suisse
du 4 au 11 septembre

- Au départ de :
  PRADES - Vernet - Vinça - Ille-sur-Têt - Millas
  Le Soler - PERPIGNAN - Rivesaltes - Narbonne
- VISITEZ : les chutes du Rhin, Lindau - Les châteaux royaux de Bavière - Munich - Salzburg - Innsbruck - Saint-Moritz - Milan
- Circuit en pension complète
- Hôtel 4 étoiles toutes les chambres avec bain ou douche et W.C. privé
- Autocar grand tourisme équipé de W.C-toilettes.

VOYAGE PROMO

PRIX PAR PERSONNE : **3.745 F**

- *RENSEIGNEMENTS ET INSCRIPTIONS :*

INDEPENDANT VOYAGES
Tél. 66.58.29 ou 61.66.29

a) Name *two* countries you will visit on this tour.
b) What are you told about meals?
c) State *three* things you are told about the accommodation.
d) How will you travel on this holiday?

2.

VOYAGES A PALMA

Séjour d'1 semaine en pension complète
* Hôtel 3 étoiles *

— au départ de PERPIGNAN
— avec ACCOMPAGNATEUR

— du 22 au 29 MAI 1983

Prix par personne : **1.450 F 00**

Renseignements et inscriptions :
INDEPENDANT-VOYAGES
14, rue de la Loge
Perpignan - Tél. 61.66.28

a) How long does this holiday last?
b) How can you book?

3.

4458

CIRCUITS AUTOCARS
AU DEPART DE BORDEAUX

- FLORENCE, VENISE et LACS ITALIENS:
  8 jours Pension complète
  départ le 29 septembre **5100 F**
  ESPAGNE, ANDALOUSIE :
  10 jours Pension complète
  départs les 7 septembre
  et 5 octobre **6090 F**
  (préacheminement Bx/Madrid en avion).
- AUTRICHE, TYROL, Châteaux royaux de Bavière :
  13 jours Pension complète
  départ le 29 septembre **8500 F**

LIC 1197

Pour tous renseignements et inscriptions s'adresser à :

OLORON-SAINTE-MARIE
6 place de la Résistance
Tél. (59) 39.71.25

sud·ouest voyages

a) How will you travel on these holidays?
b) How long does the Italian tour last?
c) Give the dates you can leave on the Spanish tour.
d) How will you travel from Bordeaux to Madrid?
e) What will you be able to visit on the tour of the Austrian Tyrol?
f) If you want more information, what must you do?

HOTEL DE LA PAIX**ᴺᴺ
24 chambres avec salle de bains et W.C.
Garages — Parking
Avenue Sadi-Carnot · OLORON · Tél. 59 39 02 63

Hotel-Restaurant DES VALLÉES
PISCINE - JARDIN
64660 LURBE-ST-CHRISTEAU
Tél. 59 34 40 01

HOTEL-RESTAURANT
« L'ARAGON »*ᴺᴺ
— Confort - Parc —
HERRERE · 64680 OGEU · Tél. 59 39 23 28

HÔTEL DU BÉARN**ᴺᴺ
Calme et Confort
LARDONNERE - DARROZE
4, place de la Mairie · OLORON · Tél. 59 39 00 99

a) What are you told about the bedrooms at the Hôtel de la Paix?

b) Which hotel will you choose if you want to go swimming?

c) If you want a quiet holiday which hotel will you choose?

5

CAMPING
DE L'OFFICE DE TOURISME

FACE A LA MONTAGNE, CAMPINGNN**
Au cœur d'un grand complexe sportif, route de Mauléon-Tardets
Oloron - Tél. 59 39 11 26 - 59 39 76 48 (ouvert du 1er avril au 31 octobre).

CONTENANCE : 300 campeurs sur 3 hectares. Salle de réunion, bain complet, douches, W.C. ; W.C. pour handicapés, eau chaude et froide, bain et vaisselle.
— Boulodrome ;
— Volley-ball ;
— Portique ;
— Jeux d'enfants.

A 200 mètres : piscine « Tournesol » climatisée et courts de tennis municipaux.

a) State *two* things you are told about the position of this campsite.

b) State *three* amenities available at the campsite.

c) What *two* facilities are a short distance away?

BAGNÈRES-de-LUCHON
31110

Bagnères-de-Luchon : Station thermale (avril au 21 octobre), de tourisme climatique et de sports d'hiver.

Renseignements : Syndicat d'Initiative : 79.21.21.

Accueil : Nombreux hôtels toutes catégories - Meublés - Logis et gîtes - Campings (s'adresser au S.I.) - Chambres d'hôtes.

Sports et distractions : Pyrénéisme - Ski - Equitation - Sentiers pédestres balisés - Chasse - Pêche - Deltaplane - Casino - Aéro club - Ball trap - Fête des fleurs - Animation.

A voir : Cirques de la Glère et de Bonneau, du Lys - Port de Vénasque et cascades des Parisiens - Lacs d'Oô et d'Espingo - Superbagnères, etc.

LES AGUDES
31110

Les Agudes : Station bénéficiant d'un des plus grands domaines skiables des Pyrénées - Ensoleillement permanent - Même latitude que Florence.

Renseignements : Mairie : 79.17.82
Syndicat d'Initiative : 79.17.88

Accueil : 3 hôtels - Meublés.

Sports et distractions : Station de ski alpin - Ski de randonnée - (saison de décembre à avril).

Equipement : Un télésiège, 7 téléskis, 25 km de piste (altitude atteinte 2 241 mètres).

A voir : Lac d'Oô.

a) State *three* sports available at Bagnères-de-Luchon, as well as skiing.

b) What sort of accommodation can you get at Les Agudes as well as hotels?

c) What are you told about the weather at Les Agudes?

d) How can you find out about campsites at Bagnères-de-Luchon?

e) At which resort is there a flower festival?

Situation sur la carte	Dépar¹	Communes	Châteaux et hauts lieux	V I E	Conditions de visite
A.5	03	BOURBON-L'ARCHAMBAULT	Bourbon, 13ᵉ - 14ᵉ s.	E	Tous les jours, de 10 h à 12 h et de 14 h à 18 h. S'adresser à Mme GATINE (maison voisine). Du 15/4 au 15/9.
L.10	07	**BOURG-SAINT-ANDÉOL**	Cité d'art (palais épiscopal, hôtels particuliers)		Hôtel Doize (18ᵉ s.) : visite en juillet et août, le dimanche de 15 h à 18 h.
K.3	12	**BOURNAZEL**	Bournazel, 16ᵉ s.	E	Du 15 avril au 31 octobre, le mercredi et le samedi, de 10 h à 12 h et de 15 h à 19 h.
C.3	23	BOUSSAC	Boussac	I	Tous les jours, de 9 h à 12 h et de 14 h à 19 h.
F.9	42	BOUTHÉON	Bouthéon, 15ᵉ s.	V	
B.6	03	BRESNAY	Les Écossays, 14ᵉ s.	E	Toute l'année. Visite gratuite. S'adresser au gardien.
H.5	15	**BREZONS**	**La Boyle**	I	Du 1ᵉʳ août au 10 septembre, tous les après-midi. Gratuit. Illuminations.
G.6	43	BRIOUDE	Haut-lieu		
M.4	12	BROUSSE-LE-CHÂTEAU	Brousse, 9ᵉ s.	I	Du 1ᵉʳ juillet au 31 août, tous les jours, de 9 h à 12 h et de 14 h à 18 h.
E.6	63	**BUSSÉOL**	Busséol, 12ᵉ s.	I	Du 1ᵉʳ juillet au 15 septembre, tous les jours, de 10 h à 12 h et de 14 h à 18 h 30. Hors saison ouvert les dimanches et jours fériés de 14 h à 18 h. 4 F.
D.7	03	BUSSET	Busset, 14ᵉ s.	E	De mai à fin septembre, samedi et dimanche, de 15 h à 18 h. Festival.
B.5	03	BUXIÈRES-LES-MINES	La Condemine	I	Visible du CD 68.* Visite intérieure (en partie) et extérieure samedi et dimanche de 14 h à 19 h, de mai à septembre. 2 F.
L.4	12	CALMONT	Donjon	E	
J.3	15	CALVINET	La Mothe, 18ᵉ s.	E	Entrer dans la cour. Visite de l'intérieur sur rendez-vous (tél. : 48-35-18).
L.3	12	**CAMJAC** par NAUCELLE	**Le Bosc**, 15ᵉ - 16ᵉ s. (souvenirs du peintre Toulouse-Lautrec).	I	De Pâques au 11 novembre, tous les jours, de 10 h à 12 h et de 14 h à 19 h.
J.4	15	CARLAT	Rocher de Carlat (haut lieu).		Souvenir d'une des plus grandes forteresses médiévales.
H.5	15	CELLES	Commanderie (château et chapelle)	E	
E.8	42	CHALAIN-D'UZORE	Chalain-d'Uzore, 14ᵉ - 16ᵉ s.	I	Du 1ᵉʳ avril au 1ᵉʳ novembre, tous les jours. 2 F. S'adresser au gardien, à côté poterne.
E.8	42	CHALMAZEL	Chalmazel, 13ᵉ - 16ᵉ s.	V	
F.9	42	CHAMBLES	Essalois	V	Site intéressant.
F.9	42	CHAMBON-FEUGEROLLES	Feugerolles, 14ᵉ - 17ᵉ - 19ᵉ s.	E	Du 13 juillet au 14 septembre, le samedi, de 14 h à 17 h.
K.8	07	**CHAMBONAS**	Chambonas, 15ᵉ - 17ᵉ s.	V	

* Chemin départemental.

a) At how many of these châteaux can you visit the inside of the building?

b) When exactly can you visit the château at Bournazel?

c) When exactly can you visit the château at Brousse?

d) What must you do if you want to see the interior of the Château La Mothe?

e) If you want to visit the Château de Bourbon, what must you do?

f) In winter, when exactly is the Château de Busséol open?

V: Visible de la route
I: Visites intérieures et extérieures
E: Visite extérieure

Les châteaux portant la mention « V » peuvent être admirés depuis la voie publique ou les abords immédiats.

Dans les châteaux suivis de la mention « I » les visites intérieures comme extérieures sont organisées.

Les châteaux accompagnés de la lettre « E » ne peuvent être visités que de l'extérieur.

Les horaires d'ouverture ont été fixés fin 1974

Par contre les hauts lieux groupant abbayes, prieurés et cités d'art sont en général largement ouverts à la visite.

Colonie de vacances
Font-Romeu

La colonie ouvre cette année du 2 au 31 juillet. Dans le site extraordinaire de Font-Romeu et dans des locaux rénovés, la colonie s'adresse aux garçons et filles de 6 à 13 ans à qui elle fait découvrir les joies de nos montagnes.

Des monitrices et moniteurs spécialisés permettent aux enfants des occupations agréables et éducatives. Cette année ils découvriront en particulier les mystères d'un castelet et de ses marionnettes. Ils apprendront à les fabriquer, leur donner vie, les faire parler, les faire agir. Ils pourront aussi comme par le passé, participer aux autres activités: Piscine, patinoire, jeux de plein air.

Prix tout compris: 2.400 F. Les bons vacances sont déductibles. S'adresser rapidement à A. Blanch lot. Massilia 2, 4, rue Jacques Duban 66.000 Perpignan, tél. 67.20.15 après 18 h. Les places sont limitées.

a) When will the summer camp be open?
b) What are you told about the accommodation?
c) Who is/are eligible for this holiday?
d) What special activity will be available this year?
e) Name *three* other activities mentioned.
f) Why must you book quickly?
g) When must you telephone?

a) On Saturday morning
  A it will be hot.
  B it will be cloudy.
  C it will be misty.
  D there will be storms.

b) There are likely to be storms
  A in the afternoon.
  B in the north-east.
  C on Friday evening.
  D on Saturday evening.

c) Sunday will be
  A colder than Saturday.
  B hotter than Saturday.
  C more likely to have storms.
  D less likely to have storms.

d) The wind on Saturday
  A will be very strong.
  B will come from the north-east.
  C will come from the north-west.
  D will come from the south.

Ciel...

C'est un nouveau beau week-end en perspective. Ce samedi, après dissipation des brumes matinales, le soleil devrait faire une brillante apparition et seules quelques tendances orageuses devraient se manifester sur le sud du département en soirée. Dimanche devrait être à l'image du samedi, sinon un peu plus orageux. Mais de nouveau le thermomètre va grimper : 16 à 19 au petit matin, 25 à 30 au zénith.

Sur la côte, les conditions devraient être idéales pour la navigation : 10 à 15 nœuds de vent de Nord-

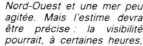

Est qui, dimanche soir, pourrait s'orienter Ouest à Nord-Ouest et une mer peu agitée. Mais l'estime devra être précise : la visibilité pourrait, à certaines heures, être inférieure à un mille.

a) What type of weather can you expect in the morning?
b) When and where might there be a chance of a storm on Saturday?
c) What will the highest early morning temperature be?
d) What direction will the wind come from on Sunday evening?
e) What are you told about the sea?
f) What are you told about visibility at sea?

Le sablier de l'été

Port-la-Nouvelle

– Discothèques « L'Eden » et « Réserve 2000 » avec Viviane Roger.
– Manade Jean, chemin des Vignes et « Ranch F », place du Sud.
– Ecole de voile pour tous au premier poste de secours.
– Pour les enfants, animations au club Neptune, au club Mickey et au club Hyppocampe.
– Voyage organisé par le petit train des lagunes.
– Excursions des « Courriers du Midi ». Pour tous renseignements, se rendre ou téléphoner au Syndicat d'initiative.
– Promenade en mer sur le « Durandal ». Pour les inscriptions et autres renseignements (horaires, trajet, etc.), téléphoner au Syndicat d'initiative.

La Franqui

– Si vous ne l'avez pas encore fait, il est grand temps pour vous de visiter la maison d'art « Le Simourgh », une magnifique exposition de tapisseries contemporaines y est présentée.

Leucate-Plage

– A partir de 21 heures, la grue infernale.
– Demain mardi, à 18 heures, présentation des produits du terroir, vins, fromage, miel, huîtres, sous l'égide du Syndicat d'initiative.

Perpignan

– Expositions au musée Rigaud, musée Puig, au mas San-Vicens, à la fondation Firmin-Baudy, à la galerie Saint-Jean, à la galerie de « La Main de fer », à la fondation des Pays de France.
– Demain, sardanes, à partir de 20 h 45, place de la Loge.

Céret

– Exposition de botanique, minéralogie, paléontologie et traditions populaires à la « Casa Catalana ». Ouvert tous les jours, sauf les dimanches et jours fériés.

Elne

– A partir de 20 h 30, au plateau des Garaffes, soirée sardanes.

Rivesaltes

– Exposition d'huiles de Mme Rouquette, chez l'encadreur, 46, avenue Maréchal-Foch.

Sainte-Marie-la-Mer

– Demain, à partir de 21 h 30, au village, sensations et folie avec la grue infernale.

Sorède

– Exposition de céramiques, poteries et panneaux muraux de MM. Pignard et Simon.

a) Where can you see an exhibition of modern tapestries?
b) Where are there special activities for children?
c) When exactly is the Casa Catalana at Ceret open?
d) Where can you see an exhibition of oil paintings?
e) In which town is there a sailing school?
f) Name *two* things you can see in the exhibition at Sorède.
g) If you want to find out about excursions from Port-la-Nouvelle what must you do?
h) From which town can you take a sea trip?
i) How can you book for this trip?
j) Where and when can you see a display of local produce, such as honey and oysters?

The following letter from a dissatisfied tourist was printed in a newspaper in the south of France.

«Messieurs,

J'aimerais vous mettre au courant des mésaventures qui me sont arrivées la semaine passée à Montpellier en tant que touriste désireux de passer une dizaine de jours dans votre ville ou ses environs.

Après notre arrivée à Montpellier, nous avons garé notre voiture dans la petite rue en face de l'université qui, comme vous le savez, est assez fréquentée aussi bien par des piétons que par des voitures. A notre retour deux heures plus tard, la vitre arrière était brisée et l'intérieur de la voiture fouillé. Le sac à main de notre fille était volé et avec lui tous ses documents tels que pièces d'identité, permis de conduire, etc.

Nous avons passé le reste de la journée à trouver une possibilité de faire réparer la voiture, ce qui n'était pas possible à Montpellier, faute de la pièce de rechange dans le garage de la marque de notre voiture.

Nous avons donc passé pratiquement une journée entière pour aller à Avignon – Sorgues pour la précision – afin de faire remettre la vitre brisée.

Pour éviter une répétition, nous avons garé la voiture dans le garage près du jardin du Peyrou. Vous pouvez facilement vous imaginer ma rage en constatant le jour suivant que la même vitre avait été brisée une nouvelle fois et l'intérieur de la voiture fouillé de nouveau (Evidemment, nous n'avions rien laissé de valeur dans la voiture cette fois-ci).

Ma femme et moi nous avions l'impression d'être systématiquement persécutés par des criminels bien organisés et devant un tel acharnement, nous avons littéralement pris la fuite et sommes précipitamment rentrés en Allemagne en abandonnant, bien sûr, toute pensée de passer une période de vacances à Montpellier.

Débordée

Votre police, à laquelle nous avons fait une déclaration de vol la première fois – la deuxième je n'ai même plus pensé de m'y adresser – me paraissait débordée et complètement incapable de venir à bout de ce phénomène.

Inutile de vous dire que je déconseillerai à tous mes amis, de passer leurs vacances en France. Je leur recommanderai surtout d'éviter Montpellier et sa région, où selon des articles que j'ai lus dans plusieurs journaux allemands (tels que le Frankfurter Algemeine Zeitung) des bandes de criminels s'acharneraient surtout contre des touristes allemands, néerlandais, britanniques.

Je me chargerai d'informer les journaux qui ont publié les articles en question en leur confirmant combien ils avaient raison de les faire apparaître et en les priant de les publier une nouvelle fois pour éviter que les mêmes mésaventures arrivent à d'autres touristes allemands. J'en informerai également l'Office Français en R.F.A. pour la promotion du tourisme allemand dans votre pays.

Je n'ai tout de même pas abandonné l'espoir de pouvoir revenir dans des conditions de sécurité meilleures à Montpellier. Pour l'immédiat cependant, Montpellier et sa région sont, pour moi et certainement pour beaucoup d'autres, une région à éviter soigneusement.

Veuillez agréer, Messieurs, etc.».

---

a) State *two* things the writer says about the street where he parked the car in Montpellier.

b) What had been stolen from the car?

c) Why couldn't they get the car repaired in Montpellier?

d) Where did they park the car in Sorgues?

e) The next morning what did they find had happened to it?

f) What impression did the writer get of the police in Montpellier?

g) What had he read about the Montpellier region in German newspapers?

h) What does the writer eventually hope to do?

1.

While waiting your turn in a busy travel agent's in Paris you overhear some of the conversations.

a) i) How does the girl want to travel to Madrid?

ii) How much reduction will she get as a student?

iii) When does she want to travel?

iv) What is the time of the morning flight?

b) i) How does the customer want to travel on this excursion?

ii) What *two* types of accommodation are available?

iii) Name one sort of information you can find in the brochures.

iv) What is the customer told about making bookings. Give details.

c) i) What does this customer want to know about the journey to Agen?

ii) What time does the night train leave Austerlitz station?

iii) How long is the journey from Toulouse to Agen?

iv) Name *two* types of accommodation available on the train to Toulouse.

2.

You arrive at a youth hostel and you have to wait while the warden deals with another group.

a) How many boys are there in the group?
b) Where exactly will the girls sleep?
c) What question does the girl ask next?
d) State *two* things they are told about the restaurant.

3.

You arrive in Dieppe for a holiday and are met by your guide. Listen to what she says and answer the questions.

a) What should you do if you have any problems?
b) What is Madame Leblanc's telephone number?

CSE Mode 2, LREB 1985

4.

You go to the tourist office in Dieppe. Listen to what the assistant tells you. Then answer the questions.

a) On what day and at what time does the coach leave for Rouen?
b) How long do you spend in Rouen?
c) Where do you have dinner?
d) What are you told about the price of dinner?

CSE Mode 2, LREB 1985

5.

You are listening to the weather forecast on French radio.

a) What will the weather generally be like?
b) What are you told about the eastern part of the region?
c) Where will the winds be strongest?
d) What are you told about the weather on the 15th?

6.

a) What sort of weather was there yesterday?
b) Name *two* things which frightened campers in the Tarn valley.
c) What happened on the road R.N.9?
d) What were the two consequences of this?
e) What happened in the campsites?
f) Which *two* buildings were evacuated?

7.

a) Name one symptom of heat stroke.
b) Name *three* ways in which heat stroke can be caused.
c) Give *three* things you should do if you have a heat stroke.

VOCABULARY

le médecin – doctor
le docteur

le prêtre – priest

le professeur – teacher (secondary school)

l'instituteur(m) – teacher (primary school)
institutrice(f)

le boulanger – baker

le boucher – butcher

l'épicier(m) – grocer

le commerçant – shopkeeper

le vendeur – salesman

la vendeuse – saleswoman

l'infirmière(f) – nurse

l'avocat(m) – lawyer

l'auteur(m) – author

l'écrivain(m) – writer

le soldat – soldier

le marin – sailor

l'ouvrier – workman

le mécanicien – mechanic

l'électricien – electrician

le pharmacien – the chemist

l'homme d'affaires – business man

le coiffeur – hairdresser

le facteur – postman

l'employé – clerk

l'ingénieur – engineer

l'emploi(m) – job
la place

le boulot – work (slang)

le chômage – unemployment

le chômeur – unemployed person

la grève – strike

faire la grève – to go on strike

gagner – to earn

gagner sa vie – to earn one's living

le travail à temps partiel – part time work

le travail à mi-temps – half time work

la formation professionnelle – vocational training

le salaire – wages

renvoyer – to dismiss, sack
licencier

1.

> # DEMANDE
> # FEMME DE MENAGE
> 2 heures le matin
> ## sachant cuisiner
> # Tél. 27-00-23
> HEURES REPAS

a) What sort of work will you do in this job?
b) What else must you be able to do?
c) When must you telephone?

2.

> Cherche sténo-dactylo, connaissances informatique souhaitables.
> Références exigées.
> Ecrire HAVAS, 75000 Paris

a) As well as shorthand and typing, what other skill is desirable for this job?
b) What must you have?

3.

A   Clinique Paris-Sud recherche infirmières jour et nuit, pour remplacement, 4 mois.

B   2 infirmières, libres de suite, soins à domicile, voiture exigée.
HAUT SALAIRE
S'adresser Agence Sante-Paris, Av.Rimbaud

C   Clinique recherche infirmière.
Expérience exigée.
Horaires intéressants (sans dimanche)
Tél. 57-09-83

a) Which of these jobs is temporary?
b) If you take job B, when will you start work?
c) What must you have for job B? Why?
d) In which job will you have to do night duty?
e) What are you told about working hours in job C?

4.

> URGENT Cherche étudiant(e) garder personne âgée – travail à temps partiel, matins.
> Tél. 67–42–98 (soirs)

a) What will you have to do in this job?
b) What are you told about the hours you will work?

5.

Bonne nouvelle pour les forts en langues.

GLAVERBEL engage, pour ses bureaux commerciaux de la région de **CHARLEROI** et **SENEFFE**

plusieurs jeunes employés commerciaux

possédant une solide connaissance verbale et écrite du néerlandais, de l'anglais et/ou de l'allemand. Toute connaissance linguistique supplémentaire sera un atout.

Le candidat idéal possède aussi une formation de base en informatique.

Veuillez adresser votre curriculum vitae avec photo à Monsieur André Dubois, Chef du Personnel, S.A. Glaverbel, Parc Industriel Zone C, 6198 Seneffe.

a) Which language must you know for these jobs?
b) Which two other languages are mentioned?
c) What are you told about any other languages?
d) What else will the ideal candidate know?

DEMANDEURS D'EMPLOIS

Un contrat pour les jeunes.

Parmi les demandeurs d'emplois, près d'un million ont moins de 26 ans. Manque d'expérience, absence de qualification professionnelle, les jeunes sans formation sont démunis sur le marché du travail.

Pour faire face à ce grave problème social et économique le gouvernement met en place des 'contrats emploi-formation' qui permettent aux jeunes chômeurs de toucher un salaire tout en recevant une formation professionnelle de leur employeur. Quatre mille contrats ont déjà été conclus dans la région Midi-Pyrénées.

Tous renseignements sont donnés à la direction régionale du travail, cité administrative, 31074 Toulouse, dans les directions départementales du travail et dans les agences nationales pour l'emploi.

a) Two reasons are given why young people without training find it difficult to get jobs. What are they?
b) What is meant by a 'contrat emploi-formation'?
c) What are you told about the success of this scheme in the Midi-Pyrenees region?
d) Name two places where you can get more information.

7

EMBAUCHE DES VENDANGEURS

La préfecture du département de l'Aude communique:

Comme les années précédentes, les étudiants étrangers en séjour pour étude en France ou en séjour touristique pourront se faire recruter pour les travaux de vendanges. Tout(e) étudiant(e) désirant s'embaucher devrait s'inscrire en écrivant soit à la préfecture à Carcassonne, soit à la mairie du lieu souhaité de travail.

Il est rappelé que l'âge minimum requis pour occuper l'emploi saisonnier de vendangeur est d'au moins 16 ans pour les hommes et 18 ans pour les femmes et jeunes filles.

a) What sort of work is this announcement about?
b) What two types of students can undertake this work?
c) Where can you register as well as in Carcassonne?
d) What is the minimum age for women?

8

Une employée du rayon alimentation d'une grande surface à Bordeaux a reçu lundi soir une lettre de licenciement de son employeur.

Pourquoi? Elle avait mangé une prune prise du rayon de fruits dont elle était chargée durant son service.

L'employée va prendre les conseils d'un avocat.

a) Where did this employee work exactly?
b) When did she get a letter from her employer?
c) Why was she sacked?
d) What is she going to do?

En France, pour devenir hôtesse ou steward on doit être âgé de vingt et un à trente ans, on doit bien connaître l'anglais, et savoir nager. Et on doit être en bonne santé, car ce sont des métiers intéressants mais aussi très fatigants. Ce n'est pas tout – on doit avoir beaucoup de courtoisie et d'initiative.

D'abord il faut suivre un cours d'entraînement pour hôtesses. Il faut apprendre à parler dans un micro. Il faut savoir ce qui est nécessaire en cas d'évacuation de l'avion et ce qu'il faut faire si un passager est malade.

Avec 400 passagers à bord les hôtesses et les stewards n'ont pas beaucoup de repos – 400 repas à servir, 400 personnes qui peuvent leur demander un service, 400 personnes normales sans doute, mais il y a toujours un passager – ou une passagère – qui est plus difficile que les autres. C'est là que la vie de l'hôtesse devient dure – ce n'est pas toujours la vie en rose.

a) What age range must you be to become an air hostess?
b) What two things must you know before training?
c) Why must you be in good health?
d) Name one other quality which is also needed?
e) What *three* things do you learn during your training?
f) What has to be served during the flight?
g) What problem is always found on every flight?

CSE Mode 2, LREB 1985

1.

While staying in France you interview some French teenagers about their part-time jobs.

a) i) At what time does she finish work on Saturdays?

ii) What does she say about the other girls there?

b) i) Who does the garage belong to?

ii) When does he work there?

iii) What does he hope to do when he leaves school?

c) i) Who does she babysit for?

ii) How old is Melanie?

iii) What does she say about Paul, apart from his age?

d) i) Where do his grandparents live?

ii) Exactly what work does he do there?

iii) What does he do with the money he earns?

e) i) When does she work at the hairdresser's?

ii) What is her main job there?

iii) What does she hope to do?

iv) What is the snag about this?

2.

You are going to hear an interview with the mayor of a village in south-west France.

a) At what time does he usually arrive at the townhall?

b) What are the arrangements for local people who want to see him?

c) Name two types of problems they might consult him about.

d) Why can't he go to the mayor's office every day?

e) What does he compare his vines to?

f) Name two types of people he meets.

g) Why did a television crew come to the village recently?

3.

A French student living in London is talking about herself.

a) Where did Corinne go to school?

b) Where is she working now?

c) When did she begin this work?

d) What exactly does her work involve?

e) What do pupils ask her?

f) State two other things they might do in the lessons.

g) What does Corinne feel about the atmosphere in her classes?

h) Why does she know very few of the teachers? Explain.

_____

i) State three things she does in her spare time.

j) What is the one drawback she mentions?

k) Which country does she hope to visit next year?

l) What is the advantage of this country compared with England?

m) What job does she finally hope to have?

n) What job does she not want?

_____

o) What age pupils are taught in primary school in France?

p) What age pupils has Corinne's mother been teaching for the past few years?

q) What must she sometimes do at ten o'clock?

r) What time does: i) morning school end?

ii) afternoon school end?

s) What must her mother do after this?

t) What is the reason for doing this?

u) What is she waiting for impatiently?

v) What, according to Corinne, is the advantage of a job where you are always in contact with children?

VOCABULARY

amende(f) – a fine

arrêter – to arrest

atteint – wounded

attentat(m) – a criminal attempt

braquer – to aim at (with a firearm)

blesser – to wound

butin(m) – loot

le cambriolage – burglary

cambrioler – to burgle

le cambrioleur – burglar

condamné – sentenced

dévaliser – to rob

drogue(f) – drugs

empreinte(f) digitale – fingerprint

l'enquête(f) – inquiry

fouiller – to search

fuir – to flee, to run away

malfaiteur – criminal

se sauver – to escape, to run away

tirer sur – to shoot

le vol – a theft

voler – to steal

voleur(m) – thief

au voleur! – stop thief!

1.

Trois touristes français, le visage dissimulé par une cagoule, sont entrés vendredi après-midi dans une banque de Rotterdam. Croyant qu'il s'agissait d'un hold-up, un employé a aussitôt alerté la police. Quelques minutes plus tard une dizaine de policiers sont arrivés et se sont jetés sur les touristes.

Emmenés au commissariat, les vacanciers malchanceux ont pu enfin expliquer qu'ils avaient mis des bonnets de laine pour se protéger du froid, car le pare-brise de leur voiture avait volé en éclats.
Ils étaient allés à la banque pour changer de l'argent afin de faire réparer la vitre de leur voiture.

a) When exactly did this incident occur?
b) Who gave the alarm?
c) How many policemen arrived?
d) Why were the French tourists wearing woollen hats?
e) Why did they need to get money from the bank?

2.

Attentat à la Maison du Tourisme d'Annecy

'C'est un attentat lâche et aveugle. La bombe a été placée au pied de la Maison du Tourisme, a un endroit de la ville très fréquenté, surtout en cette saison où nous recevons de nombreux touristes. C'est un miracle s'il n'y a pas eu de morts': c'est qu'a déclaré hier Bernard Besson, maire d'Annecy.

Il était 15h45 lorsqu'une bombe a explosé au centre Bonlieu, blessant quatre personnes dont une femme grièvement atteinte à une jambe. Inauguré il y a trois ans, le centre Bonlieu, situé au milieu de la ville est un immense bâtiment regroupant sur trois étages une bibliothèque, des magasins, un restaurant, un parking, une garderie et la Maison du Tourisme. La bombe, posée à l'entrée de la Maison du Tourisme n'était heureusement pas de très forte puissance. Mais les dégâts étaient relativement importants surtout en raison du nombre de vitres brisées. Le groupe M5, qui a revendiqué l'attentat n'est pas connu des services de police.

a) Why, according to the mayor, was this a particularly senseless and cowardly attack?
b) What are you told about the people wounded in the attack?
c) When was the Bonlieu centre opened?
d) Name four facilities found there as well as the tourist office.
e) Where exactly was the bomb placed?
f) What else are you told about the bomb?
g) What particular type of damage is mentioned?
h) State two facts you are given about the group M5.

3.

On se demande ce qui a pu amener de jeunes enfants à cambrioler le rayon boulangerie du supermarché Champion dans la nuit du 2 au 3 juillet. Un casse qui revient cher au propriétaire, puisqu'il déplore pour 20,000 francs de perte.

Au début de l'histoire trois jeunes, âgés de huit à treize ans. Pour commencer ils ont débranché les lampadaires qui éclairaient un peu trop les lieux, avant de briser à coups de pierre les vitres de la boulangerie. A la tête de la bande une fille âgée de treize ans. Les deux garçons suivent et emportent bonbons et alcool, sans oublier le champagne. Bientôt trois autres mineurs interviennent et se joignent à la première bande. Le saccage continue avec entrain jusqu'à deux heures du matin – moment où les forces de l'ordre interviennent.

Vu l'âge des jeunes criminels, ce sera une enquête difficile pour les hommes du commissariat de police.

a) Which department of the supermarket was broken into?
b) How much has the owner lost?
c) What did the young criminals do first, and why?
d) How did they break the windows?
e) Who was the leader of the group?
f) Name *two* types of goods stolen.
g) By the time the police arrived how many criminals were there?

4.

UNE AFFAIRE DE DROGUE
C'est une affaire de drogue tout à fait exceptionnelle – exceptionnelle par l'astuce des trafiquants en se débarrassant de leur hachisch; exceptionnelle aussi par les quantités de drogue en cause, probablement une tonne et demie.

C'est le neuf août que le bateau Néerlandia entre dans les eaux territoriales françaises, en provenance d'Espagne. Alertée par les autorités espagnoles, une vedette de la douane française va tout de suite escorter le Néerlandia, et lui ordonne de suivre le bateau douanier jusqu'à Port-la-Nouvelle.

A ce moment-là trois hommes et la femme qui se trouvent à bord savent ce qui les attend: le bateau sera fouillé dans ses moindres recoins. Ils n'hésitent donc pas. Ils profitent de la longue route qui reste à faire, enferment leur cargaison dans des bidons et passent le tout par dessus bord. Cela avec le maximum de discrétion pour que la vedette, devant eux, ne se doute de rien.

Alors, quand les douaniers montent à bord, le bateau est vide. Mais le vaisseau est quand-même retenu dans le port et ses quatre occupants sont soumis à une surveillance discrète. L'un d'entre eux, un Marocain, réussit à disparaître, mais les trois autres, un Hollandais propriétaire du bateau, un mécanicien espagnol, et une Finlandaise ne s'enfuient pas.

C'est alors que se produit un coup de chance pour la police et la douane. Un bateau de pêche ramène dans ses filets un bidon contenant une cinquantaine de sachets de cannabis. Dès ce moment le piège se referme sur les trois occupants du Néerlandia, et lundi soir le mécanicien espagnol passe aux aveux et raconte tout.

Triste conclusion à cette histoire. Depuis quelques jours un gentil gros chien traîne comme une âme perdue dans le centre ville de Port-la-Nouvelle. D'où vient-il, ce pauvre animal solitaire? Eh bien, il appartient aux occupants du Néerlandia. Mais le chien n'était pas au courant des activités de ses maîtres, et sa vie n'est vraiment pas drôle.

a) Name one way in which, according to the article, this is an exceptional drug case?

b) What area did Neerlandia enter on August 9th?

c) Who warned the French customs?

d) What order did the French customs officials give to the Neerlandia?

e) What would happen to the Neerlandia when it reached the French port?

f) How did the crew of the Neerlandia get rid of the drugs?

g) What happened to the crew when the Neerlandia had been searched?

h) What did one of the crew manage to do?

i) How many women were there on board?

j) What stroke of luck did the French police have?

k) Who finally confessed?

l) Who is the innocent victim of the affair?

CEE, LREB 1984

LE COURIER DE PERTUZAT

Une aventure désagréable est arrivée hier à un jeune auto-stoppeur dans notre région. Près du village de Pertuzat un jeune auto-stoppeur, Philippe Subra, vingt-deux ans, se poste, vers neuf heures et demie du matin, sur la route nationale 113, direction Carcassonne.

Peu de temps après, son souhait se réalise, et une voiture bleue métalisée s'arrête à son niveau pour le prendre à son bord. Après un début de voyage sans problèmes les trois occupants de l'automobile ont demandé au jeune homme s'il avait de l'argent sur lui. Philippe a répondu qu'il avait la somme nécessaire pour son voyage. Il a commencé à s'inquiéter et a demandé à descendre. Il a reçu une réponse négative.

Quelques instants plus tard, Monsieur Robert Tonon, agriculteur de Pertuzat, a entendu des appels au secours et a retrouvé le jeune auto-stoppeur, pieds et poings liés, et légèrement blessé au visage, dans un fossé.

Mais l'affaire n'a pas fini là. S'étant perdus dans les petits chemins des environs, les trois malfaiteurs ont été obligés de revenir sur leurs pas et ont trouvé la route bloquée par un tracteur.C'était celui de Monsieur Tonon, qui nous a raconté:

'Les trois gars ont essayé de s'échapper en contournant le tracteur, mais la route est très étroite et leur voiture est tombée dans le fossé. Comprenant qu'il s'agissait des agresseurs de l'auto-stoppeur, j'ai sorti mon fusil de chasse du tracteur et j'ai tenu les trois types en respect. En même temps, mon fils Jean, qui était avec moi, est parti alerter la gendarmerie du village. Peu de temps après les gendarmes sont arrivés sur les lieux et ont emmené les trois agresseurs.'

a) Who had an unpleasant experience and when?

b) Did Philippe have to wait long beside the RN 113?

c) What kind of car stopped?

d) How many people were in the car?

e) What did they ask Philippe?

f) What was his answer?

g) What request did Philippe make, and why?

h) What attracted Monsieur Tonon's attention?

i) Why had Philippe not been able to get out of the ditch?

j) How badly was he hurt?

k) Why did the attackers have to retrace their steps?

l) What happened when they tried to get round the tractor?

m) How did Monsieur Tonon prevent them from escaping?

n) Who informed the police?

CEE, LREB 1982

1.

a) *London*

   i) When did the crime take place?

   ii) How much is thought to have been stolen?

   iii) Why isn't it possible to know exactly how much has been stolen?

b) *Paris*

   i) What are you told about the thieves' appearance?

   ii) How did they manage to get into the jeweller's shop?

   iii) What did they do to the sales staff?

   iv) What did they do to the customers?

   v) How long did the operation last?

c) *Spain*

   i) How long had these criminals been operating in this way?

   ii) Where had they been operating?

   iii) How many were there altogether in the gang?

   iv) What are you told about their appearance?

   v) How did they make their escape?

2.

a) When was the robot found wandering?

b) Why was it clearly visible?

c) What is suggested as the reason for its strange way of walking?

d) What did the robot refuse to do?

e) Where did it spend the night?

CEE, SEREB 1984

3.

a) What unpleasant surprise did the thief get?

b) Why did he telephone the police station? (Give 2 reasons)

4.

a) Of what crime is Paulus suspected?

b) What request did Paulus make on the way to the police station and why?

c) What *two* things did Maigret ask him to do when they reached the office?

d) What did Paulus say he did not do?

e) What does Paulus say about the revolver?

_____

f) Who was Paulus' accomplice and what nationality was he?

g) Give two other facts about him.

h) How long ago did Paulus get to know him?

i) Who is Juliette?

j) What is said about her health?

_____

k) What does Paulus say about the relationship between husband and wife?

l) What did Jef dream of doing?

m) Why could Paulus not go to America?

n) Why had Paulus lost his job?

o) What, according to the inspector, could Paulus have done?

p) What was the inspector's feeling about boys like Paulus?

CEE, LREB 1984

5.

a) In what part of France did this hold-up occur?

b) At what time did it take place?

c) How were the gangsters dressed?

d) How long did the hold-up last?

e) What did the criminals take as well as their loot?

_____

f) Who is the young woman who is interviewed?

g) What exactly happened at 12.15?

h) What did the 'customer' ask?

i) As he was apparently about to leave, what did he say?

_____

j) After pointing the revolver at the assistant, what did he order her and the rest of the staff to do?

k) What *two* things did the second man do?

l) What did the first man do during this time?

m) What was the reaction of the staff when the hold-up was over?

_____

n) How and by whom were the gangsters recognised?

o) When had these men committed a previous robbery?

p) Where did it occur?

q) What kind of shop was it?

r) How much was stolen on that occasion?

CEE, LREB 1985

VOCABULARY

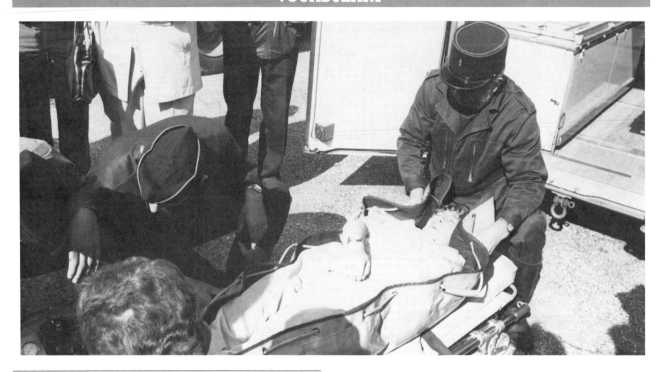

au feu! – fire!

au secours! – help!

(se) blesser – to hurt (oneself)

blessé – hurt, injured

le cachet – capsule, tablet

se casser le bras/la jambe – to break one's arm/leg

se fouler la cheville – to twist one's ankle

la maladie – illness

mordre (pp **mordu**) – to bite

mort – dead (adj)

la mort – death

mortel – fatal

mourir – to die

la naissance – birth

se noyer – to drown

l'ordonnance(f) – prescription

le pansement – bandage, dressing

la pilule – pill

la piqûre – 1) bite, sting (of insect)
            2) injection

souffrir – to suffer

tousser – to cough

une chute – a fall

les dégâts – damage

la foudre – lightning

la fuite d'eau – leak (water)

l'inondation(f) – flood

inonder – to flood

perdre (pp **perdu**) – to lose

le tremblement de terre – earthquake

1.

On recherche Monsieur Gaugand
Agé de 86 ans, domicilié à Dieppe
Disparu jeudi 16 avril de sa maison
—Avenue de la Gare
Voici son signalement: 1.64m, grande barbe blanche, porte chapeau marron et costume bleu.

Prière à toute personne l'ayant aperçu de contacter le commissariat de police le plus proche.

a) State *two* things about Monsieur Gaugand's appearance apart from his height.

b) What should you do if you see him?

CSE Mode 2, LREB 1986

2.

Un adolescent de douze ans s'est jeté par une fenêtre de sa chambre *au deuxième étage d'un immeuble à Vichy, parce que sa mère l'avait puni pour être rentré tard à la maison. Fort heureusement, il a eu de la chance et ne souffre que de deux fractures, au bras et à la jambe.*

a) What did the boy do?

b) Why did he do it?

c) What injuries did he suffer?

CSE Mode 2, LREB 1986

3.

Dordogne : un avion dans le jardin

Seize heures trente, hier, un petit Piper J 3 de l'aérodrome de Bergerac-Roumanières évoluait dans le ciel clair, au-dessus du village de Queyssac, situé à une dizaine de kilomètres de Bergerac.

Subitement, l'appareil perdait de l'altitude, victime d'une panne de moteur. Le pilote tentait, selon des témoins, un atterrissage en catastrophe dans un champ.

La manœuvre ne pouvait être menée à son terme et l'avion s'écrasait dans un potager, à quelques mètres de deux maisons d'habitation.

A quelques pas de là, cinq enfants se baignaient dans une piscine mais, miraculeusement, étaient épargnés.

Le pilote et son passager ont été blessés dans le choc. Quant à l'avion, il n'est pas près de reprendre l'air.

a) When did this accident occur?

b) What are you told about the weather at the time?

c) Why did the aircraft lose height?

d) What did the pilot try to do?

e) Who had a lucky escape?

f) What are you told about the condition of the plane?

4.

Dimanche, à 11h45, les pompiers sont intervenus au 52, avenue *Varilla, où il y avait une fuite d'eau. Le propriétaire, Monsieur Alain Bourrel avait laissé le robinet de la baignoire ouvert et l'eau en débordant a inondé le premier étage et le salon de coiffure au rez-de-chaussée après avoir traversé le plafond. Dégâts importants.*

a) Why were the firemen called to the Avenue Varilla?

b) What had Monsieur Bourrel done which caused the problem?

c) What is on the ground floor of this building?

d) What are you told about damage?

5.

Pays Basque : un vrai déluge
4 morts, 5 disparus

Des terrains de camping ravagés, des caravanes emportés par les eaux, des routes coupées et transformées en torrents : la côte basque française a été durement éprouvée, hier, après des orages d'une rare violence.

Hier, en fin d'après-midi, un premier bilan faisait état de quatre morts, cinq disparus et 300 sans abri, alors que la pluie continuait de s'abattre et qu'on redoutait les effets de la marée haute.

a) Give *two* types of damage caused by the weather.

b) What is the problem for 300 people in the area?

c) What is now feared?

6.

Noyade à Narbonne-Plage

Un baigneur de la région parisienne est mort noyé, vendredi vers 19 h 15 à Narbonne-Plage.

M. André Alaux, 39 ans, domicilié à Courbevoi (Hauts-de-Seine) était en difficulté à plusieurs dizaines de mètres du rivage lorsque l'alerte fut donnée par un autre nageur. Malgré la fermeture du poste de surveillance numéro 1 intervenue à19 h, un C.R.S.-M.N.S. se trouvait là. Il est aussitôt intervenu à la nage, à l'aide de palmes. Hélas, ces recherches restèrent vaines. Ce n'est que quelques minutes plus tard que fut découvert le corps du malheureux baigneur à une dizaine de mètres de la plage. Tous les efforts de réanimation sur place puis au centre hospitalier de Narbonne ne permirent pas de le ramener à la vie.

a) What happened to this holidaymaker from Paris?
b) How far from the shore was he?
c) What had happened at 7.00pm?
d) Name *two* places where attempts to revive him were made?

7.

Drame en Montagne

Quinze skieurs sont toujours bloqués dans un refuge à 2,500 mètres au-dessus de Chamonix. Trois caravanes de secours étaient parties ce matin pour rejoindre les skieurs, mais elles ont dû abandonner les recherches en raison du mauvais temps.

L'équipe de secours a également tenté de dégager le corps d'un guide emporté par une avalanche pendant la tempête d'avant-hier, mais les sauveteurs ont dû abandonner leur tentative, car ils se trouvaient menacés de nouvelles chutes de neige et de glace.

La Préfecture de Savoie annonce qu'aucun skieur n'est porté disparu, mais il est possible que des disparitions n'aient pas encore été signalées à la police.

Interviewé par notre reporter, le chef de l'équipe de quarante-deux hommes a dit:

Nous avons tout essayé pour les rejoindre, ce qui nous a fait courir bien des risques. Les hélicoptères? En cette saison, pas question de s'en servir. Ils ne pourraient même pas approcher ou survoler les hommes concernés. Donc il faudra patienter jusqu'à demain. Espérons que le temps va s'améliorer.

a) Where exactly are the skiers?
b) When did the rescue parties go out?
c) Why were they forced to abandon the search?

d) Who else did they attempt to reach?
e) How had he been killed?
f) What caused this disaster, and when?
g) Why did the rescuers have to give up this attempt?
h) What have the Savoie police announced?
i) Why cannot one be certain that their statement is correct?
j) What *two* things can helicopters not do in these conditions?
k) What does the rescue leader say they must do?
l) What must they hope?

CEE, SEREB 1984

8.

LES ENFANTS ET LE FEU

POUR PREVENIR

—Attention aux radiateurs électriques, aux flammes des cheminées, bougies, etc., surtout lorsqu'ils sont proches de rideaux ou de matières plastiques.
—Placez hors de portée allumettes, briquets et bouteilles de liquides inflammables.
—Sur la cuisinière, tournez les queues de casseroles vers l'intérieur.
—Fermez toujours le robinet d'arrivée du gaz.
—Pas de bassine d'eau bouillante sur le sol.
—Exigez des prises de terre pour tous les appareils ménagers. Débranchez les appareils électriques après usage. Mettez des cache-prise.

EN ATTENDANT LE MEDECIN

—*Les petites brûlures sans cloque doivent être laissées sans pansement. Calmez la douleur en les trempant dans l'eau froide.*
—*Pour les brûlures plus importantes, appelez le médecin.*
—*Pour une brûlure grave, prévenez l'hôpital. Demandez une ambulance. Un brûlé doit rester allongé.*
—*Enlevez les vêtements sauf la dernière couche, puis inondez d'eau froide, ne nettoyez pas les brûlures.*
—*Ne jamais mettre de corps gras sur une brûlure récente.*

a) Give two of the sources of burns mentioned.
b) When are these especially dangerous?
c) What are you told to do with matches and lighters?
d) What must you not put on the ground?
e) How can you ease the pain of minor burns?
f) In what position should you put a badly burned person?
g) State *two* things you must not do to burns.

1.

You are going to hear two short news items from French radio.

a) i) In which country did these earthquakes occur?
ii) At what time did they occur?
iii) Where exactly in Naples was a block of flats destroyed?
iv) What happened in the centre of the town?
v) What are you told about casualties?

b) i) Give two types of bad weather mentioned in this item.
ii) In which country did this occur?
iii) What happened to several villages?
iv) Why did this happen?
v) What other type of damage is mentioned?

2.

You are going to hear two more short news items.

a) i) Where did this stage of the tour de France take place?
ii) Why did he lose consciousness?

b) i) When was the fire discovered?
ii) What was stocked in the shop?
iii) When were these things needed?
iv) Who discovered the fire?
v) How long did it take to put it out?

CSE Mode 2, LREB 1983

3.

You are going to hear some short conversations. In each one somebody has something wrong with them.

a) i) What sort of holiday did Janine go on?
ii) What happened to her?
iii) What was the worst consequence for her?

b) i) What *two* things is the boy complaining of?
ii) What does his mother say she will do?
iii) What does she tell him to do?
iv) What will she give him?

c) i) Why is the speaker phoning Chantal?
ii) Where are her parents going this evening?
iii) Give two symptoms of Thierry's illness.
iv) How often must he take his medicine?
v) What does Thierry say about the medicine?
vi) What happens when he has to take the medicine?
vii) What is the speaker's comment about children?

4.

a) How old is the man?
b) How long has he been missing?
c) When did he cross the frontier at Assamaka?
d) How was he travelling?
e) What did the army do when he disappeared?
f) What *two* things did he seem to be short of?
g) What had he intended to do with his vehicle?

CSE Mode 2, LREB 1984

1.

At a French airport you want to check your luggage through customs. You see this sign.

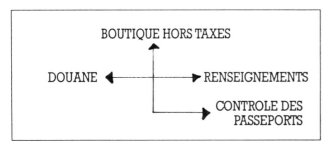

BOUTIQUE HORS TAXES

DOUANE ←   → RENSEIGNEMENTS

CONTROLE DES PASSEPORTS

Which way must you go?

2.

FUMEURS :

Oui à la pipe !
Non à la cigarette !

To whom is this notice addressed?

3.

Les Japonais lancent la photo sans pellicule...

What is revolutionary about this type of photography?

4.

DANGER!
RALENTIR

RISQUE D'INONDATION
EN HIVER SUR 100m

When is there a risk of flooding?

5.

TELEPHONE – MODE D'EMPLOI
En cas de fermeture prolongée des
barrières sans passage de train
(au moins 5 minutes)
utiliser le téléphone et dire à
votre correspondant que les barrières
restent fermées

What should you do if a train has not passed for five minutes?

6.

FERMEZ VOS PORTIERES A CLE
PAR PRUDENCE GARDEZ VOTRE
TICKET SUR VOUS

What two things does this sign in a car park suggest you do?

7.

Piétons, sur route
marchez à gauche

a) To whom is this notice addressed?
b) What are they told to do?

CESSEZ LE FEU !

AGRICULTEURS, Amis de la nature,

Pour protéger les forêts
près desquelles vous vivez,
AIDEZ NOUS A LUTTER CONTRE LEUR
PIRE ENNEMI :

LE FEU

FAITES SAVOIR

que, pendant l'été, toute mise à feu
(grillades, barbecue etc...) est interdite
en forêt et à moins de 200 mètres
d'un espace boisé.

En cas d'incendie déclaré
DONNEZ L'ALERTE
aussi rapidement que possible
en prévenant la gendarmerie
ou les pompiers.

**Avec votre aide, nous sauverons nos forêts,
la nature... et vos cultures.**

a) Name one group of people to whom this notice is addressed.
b) Explain the rule about barbecues in summer.
c) If there is a fire what should you do?

9

Un glacier électrifié

Les autorités de Saas Fee envisagent de chauffer par l'électricité le glacier qui domine la station des Alpes valaisannes, pour freiner son avance inquiétante.

Selon les dernières mesures, le glacier de Saas Fee, qui s'étend sur plusieurs hectares entre 2.000 et 4.000 m. D'altitude, a avancé d'une centaine de mètres en deux ans.

Des câbles électriques pourraient être installés dans la langue du glacier. Ils feraient fondre la glace à mesure qu'elle avance, « ce qui écarterait tout danger » a déclaré M. Hubert Bumann, directeur des installations de Saas Fee.

a) Why are the authorities planning to heat the glacier with electricity?
b) What are you told about the glacier's movement?
c) What exactly will the electric cables do?

10

SPRAY-PLAIE
Solution pour applications locales

Il arrive souvent d'avoir à désinfecter une plaie, de protéger une coupure contre le développement des germes microbiens, de rendre propre une surface de l'épiderme souillée par des éléments étrangers.

Avec SPRAY-PLAIE le geste est facile puisqu'il suffit d'appuyer sur la valve et de diriger le jet sur la peau à traiter. La pression est généralement suffisante pour débarrasser la plaie des substances qui s'y sont déposées.

PRECAUTION D'EMPLOI: Ne pas vaporiser sur les yeux.

FORMULE:	Oxyquinol	0,3g
	Dodéclonium	0,1g
	Excipient aqueux Q.S.P.	100 ml
	sous pression d'azote	

A.M.M. n° 325 508 3   Pc202 P 287

COOPERATION PHARMACEUTIQUE FRANCAISE
77000 – MELUN

a) What is this spray used for?
b) What warning are you given about using it?

Poulet basses calories

- 1 poulet d'1 kg env.

- 2 jus de citron et 2 citrons entiers.
- 2 cuill. à café d'huile d'olive.
- Sel, poivre, thym, laurier, menthe.
- Papier aluminium.

- Découpez le poulet en morceaux.
- Faire revenir dans une poêle très chaude très légèrement huilée les morceaux de poulet afin qu'ils dorent bien.
- Mettre chaque morceau dans un carré d'aluminium, assaisonnez et répartir le jus de citron sur chaque morceau ainsi que des demi-tranches.
- Mettre au four doux pendant une heure ou bien sur la braise d'un barbecue.
- Servir dans la papillote ouverte en corolle.

a) How much olive oil do you need for this recipe?
b) What must you do to the chicken before starting to cook it?
c) If you cook it in the oven, what sort of heat does it need?

Tam-tam pour l'Ethiopie

Manger, c'est quelque chose qui nous semble simple, facile, à nous, Européens. Mais, pour les petits Africains que tu vois sur la photo, ce n'est pas la même chose. Leur pays, l'Ethiopie, est victime d'une grande famine. Des dizaines de milliers de personnes risquent de mourir. Pour les aider, une trentaine de musiciens et de chanteurs africains ont décidé d'enregistrer ensemble « Tam-Tam pour l'Ethiopie ». Ce très bon disque de percussion est distribué par Phonogram. Le produit de sa vente sera remis à l'organisation « Médecins sans frontières » ; elle achètera des moulins à blé, des médicaments, des couvertures et des aliments de première nécessité pour les Ethiopiens. Si tu veux faire un geste généreux et en profiter pour t'initier à la musique africaine, tu peux acheter le 45 tours (24 F) ou le maxi 45 tours (48 F), chez tous les marchands de disques. Si toi ou tes parents désirez verser des dons, vous pouvez les envoyer à : Médecins sans frontières. « Tam-Tam pour l'Ethiopie ».
BP 138. 75223 Paris Cedex 5.

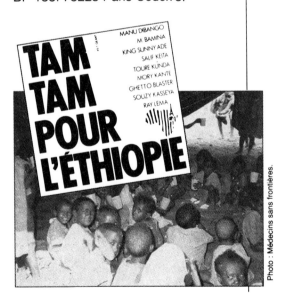

MANU DIBANGO
M BAMINA
KING SUNNY ADE
SALIF KEITA
TOURE KUNDA
MORY KANTE
GHETTO BLASTER
SOUZY KASSEYA
RAY LEMA

Photo : Médecins sans frontières.

a) Who are the group of people trying to raise money for famine victims in Ethiopia?

b) How are they doing this?

c) Name *two* things that will be bought with the money raised.

Mick Jagger et les Stones à Auteuil

Les Stones les 13 et 14 juin seront devant 60,000 personnes à l'hippodrome d'Auteuil, dans la banlieue parisienne. Depuis leur fameux concert d'Altamont en 1969, marqué par l'assassinat d'un jeune homme, ils ne veulent pas courir de risques. Pendant la dernière tournée aux Etats-Unis Mick Jagger portait toujours son revolver. A Auteuil les Stones auront quinze gardes du corps et il y aura aussi deux cents gendarmes à l'hippodrome.

Récemment Mick Jagger est devenu une idole de la jet society. Il ne fume plus, pratique le jogging et la cuisine japonaise et il a même acheté pour deux millions deux cent mille francs un château français, à Pocé-sur-Cisse dans le Val de Loire. Les Stones ne rêvent donc plus que d'amour, d'art, de littérature, de cinéma. Bill Wyman (guitare basse) a écrit un livre sur un célèbre peintre français et collectionne sur ordinateur tout ce qui paraît sur les Stones dans le monde. Seul Ron Wood, le guitariste qui a remplacé Mick Taylor en 1975, se prend encore pour un pop-star, vit à Los Angeles et déclare: "Avec les Stones, je suis le maître du monde!"

Alors que tous les groupes des années soixante ont depuis longtemps disparu, la longévité des Stones est, en effet, ce qui peut le plus surprendre. Comme le disait John Lennon: "La chose extraordinaire n'est pas la séparation des Beatles, c'est au contraire que les Stones sont toujours là!"

a) Les 13 et 14 juin, les Rolling Stones
   A vont chanter en Angleterre
   B seront aux Etats-Unis
   C vont chanter en France
   D seront en vacances

b) Pendant un concert des Stones en 1969
   A un jeune homme a été tué
   B un membre du groupe est mort
   C Mick Jagger a tiré un coup de revolver
   D un jeune homme a marqué un but

c) Pour leur concert à Auteuil
   A la police ne sera pas là
   B tous les membres du groupe porteront un revolver
   C il n'y aura pas de gardes de corps
   C les Stones seront très bien gardés

d) Mick Jagger
   A s'intéresse à la cuisine japonaise
   B n'aime pas le jogging
   C fume une pipe
   D ne s'intéresse pas à la littérature

e) Le château français de Mick Jagger a coûté
   A deux cent mille francs
   B vingt-deux mille francs
   C moins de deux millions de francs
   D plus de deux millions de francs

f) Un membre du groupe
    A   est un peintre célèbre
    B   collectionne tous les articles écrits sur les Stones
    C   a écrit un livre français sur le groupe
    D   collectionne les ordinateurs

g) Il n'y a qu'un membre du groupe qui
    A   n'habite pas Los Angeles
    B   joue de la guitare
    C   habite Los Angeles
    D   rêve d'amour

h) Ce qui est remarquable, c'est que
    A   tous les groupes des années soixante ne sont plus là
    B   John Lennon ne connaissait pas les Stones
    C   les Stones ne sont plus connus dans le monde
    D   les Stones sont toujours ensemble après vingt ans

CSE Mode 1, LREB 1986

14.

Mon frère Paul était un petit bonhomme de trois ans, la peau blanche, les joues rondes, avec de grands yeux d'un bleu très clair, et les boucles dorées de notre grand-père. Il était pensif, ne pleurait jamais, et jouait tout seul, sous une table, avec un bouchon ou une boîte d'allumettes vide. Mais il semblait avoir toujours faim. De temps à autre, il y avait un drame éclair: on le voyait tout à coup s'avancer, les bras écartés, la figure violette. Il était en train de mourir suffoqué.

Ma mère affolée frappait dans son dos, enfonçait un doigt dans sa gorge, ou le secouait en le tenant par les talons. Alors, avec un bruit affreux, il vomissait une grosse olive noire, un noyau de pêche, ou un long morceau de lard. Après quoi, il reprenait ses jeux sous la table.

From *La Gloire de Mon Père* by Marcel Pagnol

a) State *two* things you are told about Paul's face.
b) Describe Paul's hair.
c) What *two* objects did he have as toys?
d) How was it possible to tell when there was something wrong with him? (mention 2 things)
e) What *three* things did his mother do to remedy the situation?
f) What was the result of her efforts?

14. Multiple Choice

a) Paul had
    A   straight hair and blue eyes
    B   straight hair and brown eyes
    C   a fair skin and short hair
    D   a fair skin and curly hair

b) He liked to play with
    A   a bottle
    B   matches
    C   a cork
    D   a tin

c) He was always
    A   naughty
    B   hungry
    C   lonely
    D   crying

d) His mother used to slap his back because
    A   she was cross with him
    B   he was choking
    C   she was pleased with him
    D   he was crying

e) When the incident was over, Paul
    A   went to sleep
    B   opened his eyes
    C   went on playing
    D   played on the table

15.

Un Mari Étourdi

Un automobiliste qui écoutait la retransmission en direct d'un match de football a roulé pendant plus de cinquante kilomètres avant de se rendre compte que sa femme ne se trouvait plus dans la voiture.

Il s'était arrêté à la sortie de Lyon pour faire le plein. Il n'avait pas quitté sa voiture afin de ne pas manquer un seul instant de ce match passionnant.

Après avoir payé, il avait continué à rouler direction Grenoble...... sans sa femme, qui était descendue à la station-service pour faire quelques pas et se dégourdir les jambes. Ce n'est qu'à la fin du match, une heure plus tard qu'il a remarqué l'absence de sa chère épouse, qui l'attendait toujours à la station-service, et qui ne va pas oublier cette charmante soirée!

a) What was the motorist doing as he drove along?
b) Where did he stop and why?
c) Why did he stay in the car?
d) Why did his wife get out of the car?
e) What did he notice an hour later?
f) What is his wife's reaction to the incident likely to be?

16.

Envoyez-moi davantage de touristes .....

Les passagers d'un 'Jumbo' d'El Al arrivé en Israël ont débarqué en compagnie de voyageurs d'un genre un peu spécial; cent quinze alligators, dont les tailles variaient de 9,60 à 2,40 mètres. Les reptiles ont aussitôt été chargés sur une remorque à destination d'Hamath Gadar, où ils peupleront les sources chaudes au sud-est du Golan.

L'un d'eux, plus pressé que les autres, a réussi à ouvrir sa caisse et à glisser sur la route. Il a été récupéré par un journaliste courageux qui suivait 'l'événement'.

Pour Ben Moshe, leur soigneur, les difficultés commenceront lorsqu'on ôtera les bandes collantes qui maintiennent leurs gueules soigneusement fermées, d'autant plus qu'ils n'ont rien mangé de la semaine. Au moment du 'collage' l'un des alligators avait enlevé cinq centimètres de chair au bras d'un des opérateurs.

Pour encourager ses pensionnaires, Ben Moshe s'est fait faire un tee-shirt spécial: il représente un alligator sous un palmier avec cette inscription:
'Envoyez-moi davantage de touristes......... les derniers étaient délicieux!'

a) How many alligators arrived in the Jumbo jet?
b) When were the creatures put into a trailer?
c) Where exactly will they live?
d) What did one of them do?
e) How were matters put right?
f) When will problems begin for Ben Moshe?
g) Why will the problem be particularly difficult?
h) What happened when the 'taping-up' took place?
i) What picture is on Ben Moshe's tee-shirt?
j) According to the inscription, why are more tourists wanted?

CEE, SEREB 1983

17.

'Jeanie' a été abattue .....

Après trente-six heures de liberté, 'Jeanie', une lionne du safari-parc de Peaugres, est morte samedi à l'aube, abattue d'un coup de fusil tiré par un empoyé du parc, qui l'avait vu naître deux ans plus tôt.
'Jeanie', cent vingt kilos, et mère de lionceaux, s'était bagarrée jeudi après-midi avec d'autres lionnes. Puis, après avoir cassé un barreau de la grille qui entoure le parc elle s'est échappée et s'est réfugiée dans un bois en bordure de la route nationale.
D'importants moyens ont été immédiatement mis en place dans les environs. On a aperçu la bête une première fois jeudi soir, mais à la tombée de la nuit elle a disparu dans le bois. Cette première nuit, on voulait tout simplement empêcher la lionne de fuir vers un des villages du voisinage, où les habitants avaient été prévenus du danger, tandis que quelques campeurs étaient priés de quitter le secteur.
Vendredi vers dix heures trente du matin 'Jeanie' a été aperçue dans un champ près du bois mais elle a rapidement regagné l'abri des arbres. Un hélicoptère de la Sécurité Civile a survolé ensuite, pendant deux heures, toute la région, tandis que deux tracteurs forestiers, aux cabines spécialement protégées par des grilles, coupaient les hautes herbes autour du bois.
Samedi matin enfin, retrouvée par un groupe de la battue, 'Jeanie' a été touchée par une seringue hypodermique tirée par un employé du parc qui espérait ainsi l'endormir. 'Le liquide', a expliqué Monsieur Bargues, directeur du parc, 'endort un animal de la taille de 'Jeanie' en cinq minutes. Mais pendant ces cinq minutes l'animal a encore le temps de se déplacer et donc 'Jeanie' aurait pu fuir vers des maisons, ou vers la route. Alors, la mort dans l'âme, nous avons dû l'abattre. On ne pouvait pas risquer la vie des gens'.

CEE, LREB 1985

a) For how long was Jeanie at large?
b) How old was she?
c) How did she escape?
d) Where did she take refuge?
e) Which *two* groups of people were warned of Jeanie's escape?
f) Where exactly was Jeanie seen on Friday morning?
g) What was special about the tractors used?
h) What did the tractors do?
i) Who fired the hypodermic syringe?
j) How long do these tranqillisers take to work with large animals?
k) What might Jeanie have done during that time?
l) Why, according to Monsieur Bargues, was it decided that Jeanie must be killed?
m) How did they feel about doing this?

1. Short items on TRAVEL

a) What is the number of this Paris flight?

b) i) What is it suggested you should do?
ii) What is the price?
iii) What does this include?

c) i) What was the lorry carrying?
ii) What are you told about the driver of the lorry?
iii) What happened to the two vehicles?

2. Short items on SHOPPING

a) What directions is she given for finding the tobacconist's shop?

b) i) Which floor must the customer go to?
ii) Which department must he go past?
iii) Where exactly will he find the toy department?

c) i) What type of shop is being advertised?
ii) According to the advertisement, what can you find just as well in Paul Renard's shop as in Paris?

3.

An interview with a French-speaking student

a) What and where is Guadeloupe?
b) What does Marie-Claire say about the climate there?
c) State *two* other things she says about Guadeloupe.

4.

Conversation in a travel agent's
a) What country does the customer want to visit?
b) Why will she get a reduced fare?
c) When does she want to travel?
d) On what days are there direct flights?
e) What date does she choose?
f) What does the booking clerk ask her to do?

5.

A shopping conversation
a) Which green dress does the customer want to see?
b) What size does she want?
c) What material is the dress made of?
d) Where is the changing room?
e) What is wrong with the dress?
f) When she has decided which dress to buy, what does she ask the assistant to do?
g) How much does the dress cost?
h) What does the customer say she will do? (mention 2 things)
i) What does the assistant tell her?
j) What advice does the assistant give her?

6.

Conversation in a café
a) What does the customer order to drink?
b) What sort of sandwich does she order?
c) What does she order for her friend to eat and drink?
d) How much does it all cost?
e) What question does the customer ask?

7. Radio news items

a) i) How did the burglars get in?
ii) Name *three* items that were stolen.

b) i) Night driving used to be worrying. Why?
ii) When did the new station start broadcasting?
iii) Between what hours is it on the air?
iv) Apart from playing music and keeping you company, what other service does it offer?
v) What is the number of the switchboard you have to ring?

c) i) Where is the sapphire on display?
ii) What is guarding it?
iii) In what exactly is it being displayed?
iv) For how long is it being displayed?
v) What *three* things make the sapphire one of the most precious of its kind?

CEE, SEREB 1983

71

The following two practice examination papers contain GCSE-style questions to give you confidence and experience in tackling comprehensions.

Practice Examination 1

Reading Comprehension   Basic Level

Questions 1 to 5
What information or instructions do the following signs convey? For each item four answers are given. Write down the letter of the answer you think is correct.

Question 1
You should not park here because
A   you are outside a railway station
B   you will be blocking the church entrance
C   you are outside a garage
D   you will be blocking the car park exit

> **SORTIE DE GARAGE**
>
> **PRIERE DE NE PAS STATIONNER**

Question 2
To be able to visit the museum you must
A   ring the bell
B   sound your horn
C   fetch the key
D   wait for the guide

> **POUR LA VISITE DU MUSEE DE L'AUTOMOBILE VEUILLEZ SONNER**

Question 3
What can you buy at this shop?
A   peaches
B   fishing rods
C   household goods
D   items of clothing

> **ARTICLES DE PECHE**

Question 4
What vehicles can park here?
A   cars
B   Post Office vans
C   long-distance coaches
D   school buses

> **STRICTEMENT RESERVE AUX CARS DE RAMASSAGE SCOLAIRE**

Question 5
This sign means
A   this is a book shop
B   entry is free to the exhibition
C   this is an exhibition of books
D   the entrance is next to the bookshop

> **EXPOSITION ENTREE LIBRE**

Q1–5, CSE Mode 2, LREB 1985

Question 6
a) When is the last collection on weekdays?
b) On which day is the last collection at 4 o'clock?
c) How many collections are there on public holidays?
d) What must you not put in this letter-box?

Question 7
TV PROGRAMMES
a) At what time is the local news televised?
b) What happens at 2 p.m. (14.00 hrs)?

TF.1

12.10 LA VÉRITÉ TIENT A UN FIL. Feuilleton (n° 9). Le bouton découvert chez l'industriel assassiné fournit une nouvelle piste à la police.

12.30 LES VISITEURS DU JOUR.

13.00 TF. 1 ACTUALITÉS.

13.50 OBJECTIF SANTÉ. « Bienfaits et méfaits du soleil ».

14.00 FIN DES ÉMISSIONS.

18.25 1, RUE SÉSAME.

18.45 QUOTIDIENNEMENT VÔTRE.

18.50 LES PARIS DE TF. 1.

19.05 A LA UNE.

19.20 ACTUALITÉS RÉGIONALES.

19.45 LIBRE EXPRESSION. Ce soir : Le P.S.

20.00 TF. 1 ACTUALITÉS.

Question 8

ARTICLE 3. — Surveillance de la Plage.

Les usagers devront se conformer aux signaux d'avertissement des M. N. S., ainsi qu'à la signalisation effectuée par les drapeaux des Postes de Secours.

  — **LE DRAPEAU ROUGE** signifie:
    « INTERDICTION DE SE BAIGNER».
  — **LE DRAPEAU ORANGE** signifie:
    « BAIGNADE DANGEREUSE, MAIS SURVEILLÉE».
  — **LE DRAPEAU VERT** signifie:
    «BAIGNADE SURVEILLÉE, ABSENCE DE DANGER PARTICULIER«.

What does the red flag mean?   CSE Mode 1, LREB 1986

Question 9

POISSONS

(19 fév. - 20 mars)
Neptune et Jupiter

TRAVAIL Votre travail est très absorbant et vous donne beaucoup de satisfactions. VIE SOCIALE Soyez patient en famille. SANTE Prenez le temps de déjeuner et de dîner tranquillement. Sinon, vous souffrirez de maux d'estomac.

TAUREAU

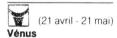

(21 avril - 21 mai)
Vénus

TRAVAIL Pas beacoup de progrès dans le domaine du travail. VIE SOCIALE Essayez de sortir un peu plus souvent avec vos amis. SANTE Si vous ne vous sentez pas en forme, consultez le medecin.

a) If your birthday is February 27th:

  i) What are you told about your work?

  ii) What health advice are you given?

b) If your birthday is May 7th,

  i) What advice are you given about your social life?

  ii) What advice are you given about your health?

Question 10

The extract below about the town of Lannion is taken from a tourist guide. Read the extract carefully and then answer the questions below.

Code postal 22300.   indic. tél 96.
Office de tourisme, sur les quais, tél 35–07–35 (sauf dimanche). Gare S.N.C.F. trains direct de Paris en saison, tél. 35–03–01, Aérodrome de Lannion-Servel, service quotidien avec Paris en 1h.15. Hôtels: Terminus 16 ch. tél 37–03–67; de Bretagne 10 ch. tél. 35–00–33. Restaurant; auberge de la Porte de France (cuisine réputée) 5 rue J-Savidau, fermé mardi: tél. 37–04–07. Auberge de jeunesse: rue du 73-ième Territo-rial tél. 37–91–28. Terrain de camping 500 places.

a) When is the tourist office closed?
b) When are there direct trains to Paris?
c) How long does it take to fly to Paris?
d) How many bedrooms has the hotel Terminus?
e) When is the restaurant closed?
f) What will you find in the rue 73-ième Territorial?
g) How many sites are available for tents and caravans?   CSE Mode 2, LREB 1983

Read the following letter from a French boy to his English pen-friend. Then answer the questions below.

> Paris, le 15 mai
>
> Cher David,
>
> Merci pour ta dernière lettre. Je suis vraiment très content de savoir que tu pourras passer une semaine chez nous en juin.
>
> Tu m'as dit que tu prendras le train et le bateau, mais tu ne m'as pas dit le jour et l'heure exacte de ton arrivée! Moi, je finis le travail à six heures, donc, si tu peux t'arranger pour arriver à Paris le soir, je viendrai te chercher à la Gare du Nord. Je t'attendrai à la sortie du quai. On rentrera chez moi par le métro, ou si tu as beaucoup de bagages on prendra un taxi.
>
> Je sais que tu aimes beaucoup la peinture, donc on ira sûrement au Louvre. On fera certainement une promenade en bateau sur la Seine – tous les touristes font ça! S'il fait beau on pourra faire une excursion à Fontainebleau.
>
> Et le soir, qu'est-ce que tu voudras faire? On ira peut-être au théâtre, ou au concert si tu préfères, je sais que tu aimes beaucoup la musique classique. S'il y a autre chose que tu veux faire tu me le diras, n'est-ce pas?
>
> Ecris-moi bientôt.
>
> Amicalement,
>
> Jean-Claude

a) When is David going to stay with Jean-Claude?
b) State two things David forgot to tell Jean-Claude in his last letter.
c) Where exactly will Jean-Claude meet David?
d) Why will they go to the Louvre?
e) In the last paragraph what does Jean-Claude ask David to do?

Part 1   Shopping

You are going to hear some short conversations which all take place in shops.

Question 1
What two things does this person want?

Question 2
a) How much are the strawberries?
b) What does the customer finally buy?

Question 3
What two things does this customer want?

Question 4
a) What type of hair does the customer have?
b) How much is the large bottle of shampoo?

Question 5
a) Name the two things the customer wants to buy.
b) Which floor must she go to?

Part 2   Travel Announcements

Question 6
You are going to hear an announcement about two trains, the first to Rouen, the second to Le Havre. For each one write down the platform number and the departure time.

Question 7
Now write down the flight number and take-off time of the two planes which are announced. The first is to Madrid, the second to Frankfurt.

Part 3   At a Hotel

The hotel receptionist is giving some information to guests who are booking in.

Question 8
Where is room 84?

Question 9
What do you get from this room?

Question 10
What are you told about the key?

Question 11
How much does it cost?

Question 12
What happens if you take breakfast at the hotel?   CSE Mode 2, LREB 1983

Part 4   A French Teenager Talking

Question 13
What is his favourite subject?

Question 14
What, according to him, is the most important thing in life?

Question 15
What will he not want to do after leaving school?

Question 16
Where does he work and for how long?

Question 17
What two things does he buy with the money earned?

Question 18
What might he become later?   CSE Mode 2, LREB 1983

Question 1

While staying in France you find this recipe in a newspaper. Read it carefully and answer the questions below.

Mon menu

SALADE PROVENÇALE
SAUTE DE VEAU
POMMES VAPEUR
PÊCHES

SALADE PROVENÇALE

Préparez **4 œufs durs**, coupez en rondelles deux belles tomates, faites des petits dés avec une grosse betterave cuite, triez et lavez une petite laitue bien tendre. Dans un saladier en verre transparent de préférence, mettez dans le fond les feuilles de laitue. Posez par-dessus quelques quartiers d'œufs durs, les rondelles de tomates, la betterave. Sur le dessus faites une décoration avec les œufs durs qui vous restent et préparez à part une vinaigrette. Dans un bol, mettez une pointe de moutarde, deux cuillerées de vinaigre, six cuillerées d'huile d'olive, salez et poivrez, ajoutez une gousse d'ail écrasée. Au moment de servir, arrosez la salade avec la vinaigrette, mélangez-la à table.

Tante MARTHE.

Vin rosé V.D.Q.S.

---

a) What sort of eggs do you need for this recipe?
b) Name the three other main ingredients in the salad.
c) What type of bowl should you use if possible?
d) How much vinegar do you need for the vinaigrette sauce?
e) When should you add the vinaigrette to the salad?

Question 2
You have read this item in a French newspaper. Answer the questions below.

Par ce temps de grand froid qui afflige notre pays, l'Armée du Salut nous adresse cet appel urgent:
'Vous qui êtes bien au chaud chez vous, n'oubliez pas ceux qui n'ont pas de foyer. Pour équiper les sans-abri qui se réfugient dans le métro parisien nous avons besoin d'urgence de chaussures et de chaussettes, si possible de la taille quarante à quarante-quatre. Vous pouvez envoyer vos dons à l'adresse ci-dessous:
76, Rue de Rome, Paris 8^e

a) What type of weather is mentioned?
b) To which group of people is the Salvation Army making its appeal?
c) On behalf of which group of people is it appealing?
d) Where are these people taking shelter?
e) What is needed for them? Give full details.   CEE, SEREB 1986

Question 3
The following passage is taken from a novel. Read it, and answer the questions below.

La route qui monte vers Dole n'est qu'une longue suite de virages que la voiture prenait sans difficulté. Soudain, au milieu d'un tournant à gauche, Alain se trouva presque nez à nez avec une autre voiture qui roulait en plein milieu de la route. Il laissa la voiture se déporter vers la droite, et, à la sortie du virage, il braqua à gauche, ce qui lui fit traverser la route. C'est alors qu'il vit, dans la lumière des phares, les deux cyclistes. Il n'eut même pas le temps de trouver la pédale du frein. Un peu plus tard il en vint même à se demander s'il n'avait pas confondu l'accélérateur et le frein.

Il immobilisa la voiture à une bonne centaine de mètres plus loin et courut vers l'endroit où s'était produit l'accident. Il faisait nuit noire et le froid tombant de la montagne glaçait ses poumons.

Les deux cyclistes étaient étendus à terre, assez distants l'un de l'autre. Se penchant au-dessus du premier il eut la certitude qu'il était mort. Il alla vite vers le second qui geignait.

— Vous avez mal? demanda-t-il bêtement.

Le blessé se souleva sans trop de difficultés et le regarda.

— C'est ma jambe, murmura-t-il. Qu'est-ce qui vous est arrivé?

Alain ne savait que répondre. Il alla chercher sa voiture pour éclairer le blessé de ses phares. A son retour il se dirigea vers le mort et l'observa longuement.

— Il est dans le coma? demanda l'autre.

— Il est mort, répondit Alain.

Puis l'ambulance et les gendarmes étaient arrivés. Un motocycliste de passage les avait alertés.

— C'est vous qui conduisiez? demanda le gendarme à Alain.

— Oui.

— D'où veniez-vous à pareille heure?

— Du casino de Divonne-les-Bains.

Se tournant vers son supérieur, le gendarme cria dans la nuit.

— On lui fait l'alcootest, chef?

— Pas ici, répondit l'autre. Il fait trop froid!

Le gendarme demanda alors à Alain ses papiers qu'il lut à la lueur d'une torche électrique. Soudain il se mit au garde-à-vous et salua.

— Je m'excuse, monsieur le juge, bredouilla-t-il. Je ne pouvais pas deviner...

a) Describe the road along which Alain was driving.
b) What surprised Alain as he was turning left?
c) How did he avoid the first collision?
d) What did he later think might have caused him to hit the two cyclists?
e) What were the conditions like?
f) Describe the position of the cyclists after the accident.
g) What was Alain's reaction on seeing the first cyclist?
h) What was the other cyclist's reply to Alain's question, and what question did he himself ask?
i) Why did Alain go back to his car?
j) Why did the ambulance and police arrive?
k) What did the policeman want to know?
l) What instruction did the policeman seek from his superior?
m) What did the policeman do with Alain's papers?
n) What changes in his behaviour show that he had discovered Alain's social position?

'O' level, London, Jan 1986

Listening Comprehension Higher Level

Part 1 News Items

You are going to hear three news items from French radio.

Question 1
a) Which two vehicles were involved in the accident?
b) Who was killed?

Question 2
a) What are we told of the appearance of the two raiders?
b) What day and time did the robbery occur?
c) How much was stolen?

Question 3
a) When did the fire break out?
b) What were the guests doing?
c) Name two groups of guests mentioned.

CSE Mode 2, LREB 1986

Part 2   A Weather Forecast

Question 4
You are going to hear a weather forecast from French radio.
a) What day of the week is this weather forecast for?
b) Name two regions where storms are likely?
c) What type of weather is forecast for the Paris area?
d) Name two areas where you might get some sunshine.

Part 3   Shopping

While staying with a French family you go with their daughter Francine to a department store where she wants to buy a birthday present for her mother.

Question 5
On which floor is the perfume department?

Question 6
Where is the lift?

Question 7
Why does Francine's mother not like Chanel perfume?

Question 8
How much does the small bottle of Dior perfume cost?

Question 9
What two advantages of the toilet water are mentioned?

Question 10
How much does Francine pay?

Question 11
What question does Francine ask?

Question 12
When must she go to the cash desk?

Part 4   A Guide Talking

You are on holiday in the Alps. You are on a day trip and the guide is talking.

Question 13
What hope does the guide express?

Question 14
What two types of vehicle are mentioned as being unable to get to this place?

Question 15
Which group of people need no form of transport to get there?

Question 16
When is the bar open?

Question 17
When is the restaurant open?

Question 18
When is the souvenir shop open?

Question 19
Where can skis be hired?

Question 20
What are the two busiest times for tourists?

Section 1   *Multiple-choice questions on short items*

For each of *Questions 1 – 6*, write the letter of the answer which you think is correct.

Question 1

These potatoes

A   are ready to serve

B   must be thawed for cooking

C   should be fried

D   must be heated in the oven

Question 2

This restaurant

A   does not open at lunchtime

B   is open every lunchtime

C   is not open at lunchtime on Sunday

D   is open at lunchtime on Sunday

Question 3

ACORDON

Hôtel les Bruyères**NN

Chambres libres à partir du 18 mai, en juin et septembre, peut recevoir des groupes de 25 à 35 personnes, site panoramique, face à la chaîne du Mont-Blanc, nombreuses promenades et excursions.

This hotel is

A   unable to accept groups in May, June and September

B   suitable for people who like mountain walks

C   at the sea-side

D   able to accept groups in July and August

Question 4

This is an advertisement for a

A   cake shop

B   clothes shop

C   gift shop

D   book shop

Question 5

This would be useful to you if you had
A a headache
B a skin infection
C a sore throat
D stomach ache

PRENEZ
Solutricine
vitamine **C**

pour les irritations
de la gorge

Question 6

SOMMAIRE

On what page of the newspaper would you find the foreign news?
A Page 16
B Page 14
C Page 13
D Page 2

Q1–6, CSE Mode 1, LREB

Section 2 What's On

Question 7

LA TOUR DE GUINETTE – CRÊPERIE

Tlj. à partir de 18h jusqu'à 22h.
SAMEDI – DINER 'COPAINS' – 18h
jusqu'à l'aube
cidre à volonté
choix de 5 crêpes
ambiance cadre sympa...

Ttc. 30F.

PATINOIRE DE L'ORLEALINE

ouv. t.l.j. 15h – 21h
en soir. 21h – 23h (sf. Lun. et Mar.)
Ent: 18F Etud. 12F
Loc. de patins: 8F.

LE DERNIER TANGO A PARIS

Pagode. M° St Francois Xavier
Perm. de 14h30 à 24h.
Int. moins de 18 ans.
Pl: 15F.

a) Until what time would you be able to stay at the ice rink on a Wednesday evening?
b) What kind of underground service would be operating in Paris on August 15th?
c) At what time would you arrive in Vallorbe on a Sunday?
d) How much would it cost a student to hire skates and go skating?
e) When does the CREPERIE close on a Saturday?

CSE Mode 2, LREB 1982

Section 3   A Notice and a Timetable

Question 8

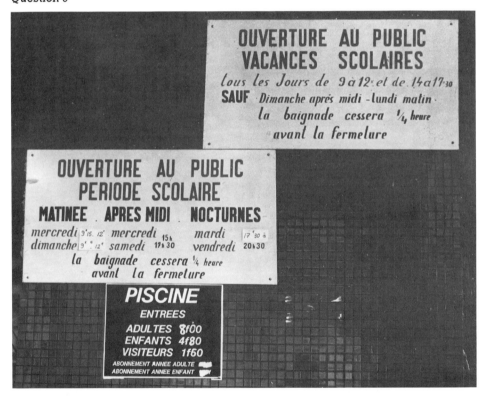

a) During the school holidays, which are the two half-days when the pool is closed?
b) On which days in term-time can you go to the swimming pool in the evenings?

Question 9

Look at this French school timetable.

	LUNDI	MARDI	MERCREDI	JEUDI	VENDREDI	SAMEDI
8h	français	sciences	français	maths	anglais	
9h	anglais	sciences	français	histoire	français	géo
10h	étude	espagnol		natation	instruction civique	dessin
11h	gym	maths		natation		dessin
12h						
14h	histoire	français		espagnol	espagnol	
15h	géo	anglais		maths	français	
16h				français		

a) On which day do they have private study?
b) Which foreign languages are learned in this French school?
c) When exactly do they have art?
d) What do they have at 10 o'clock on Thursdays?

Section 4 A Menu

Question 10

RESTAURANT DES DUCS DE BRETAGNE
MENU TOURISTIQUE   40Fr.
(t.v.a. comprise – service non compris)

Potage du Jour
Oeuf mayonnaise
Moules marinières

Côtelette d'agneau garnie
Truite au gratin
Poulet rôti aux champignons

Pommes vapeur
Haricots verts
Chou-fleur

Salade

Plateau de fromages

Crème Caramel
Corbeille de fruits
Tarte aux Fraises

Café

Boissons (en supplément) prix variés:–
Vin du pays   14 f la bouteille
Cidre   4f. 75
Bière   5 f.
Jus de Fruits   4f. 50

a) Name one dish you could have as a starter.
b) Name one main dish.
c) Name one vegetable you could choose.
d) If you do not like cream caramel what is your choice for sweet?
e) Name two drinks you could buy.

Section 5 A Letter

Question 11

You have received this letter in answer to an enquiry.

```
Téléphone                      Hôtel-Restaurant
55.40.20                           Les Capucines,
                    19, avenue des Capucines,
34 Montpellier            34, Montpellier.


Monsieur,
Suite à votre lettre du mars 1981, je
m'empresse de vous fair parvenir un dépliant
concernant notre hôtel, et j'ai le plaisir
de confirmer votre réservation.
    Nous pourrons vous recevoir du quinze août
au premier septembre, et vous réserver deux
chambres avec salle de bains comme vous le
désirez.  Toutes nos chambres ont vue sur la
mer. D'autre-part, notre hôtel est pourvu
d'une salle de jeux, ce qui sera idéal pour
vos deux enfants, et, d'un bar ouvert toute
la journée et le soir jusqu'à vingt-trois
heures.
    Nos prix, par jour pension complète sont
de 150F par personne, et demi-pension, de 90F.
Cependant nous avons un tarif spécial pour
enfants de moins de sept ans: Pension
complète 100F, demi-pension 70F. Si,
éventuellement, un jour vous ne désirez pas
rentrer à l'hôtel pour l'heure du déjeuner,
l'hôtel fournit des repas froids. Mais la
réception doit être avertie la veille.
Nous espérons pouvoir vous donner satisfaction,
et lorsque vous confirmerez votre accord, nous
vous demanderons de verser des arrhes; en
principe dix pour cent du prix total est
demandé à tous nos clients.
    Recevez, monsieur, mes meilleurs salutations.
```

a) When is the booking for?

b) What accommodation have they booked?

c) What will they be able to see from their rooms?

d) When is the bar open?

e) How much do they charge for full board, per adult, per night?

f) What do you have to do if you want a packed lunch?

g) How much must they send as a deposit?

Part 1 Travel

Part A

Question 1
You are at a French railway station and you want to go to Dieppe. Listen to the station announcement and write down the departure time and platform number of your train.

Question 2
On arriving at Dieppe station you want to phone your friend. Where are the telephones?

Part B

Question 3
You are at the airport in Paris waiting to take a plane to Toulouse. Listen to the airport announcements and write down the take-off time of your plane and which gate you must go to.

Part 2 Around the Town
You are asking how to get to various places in a French town.

Question 4
How do you get to the post office?

Question 5
How do you get to the bank?

Question 6
How do you get to the swimming pool?

Part 3 Short Conversations
You are going to hear a number of short conversations.

Question 7 In a café
What does the boy order?

Question 8 A French couple at home
a) What sort of film does the woman want to watch on television?
b) What *two* programmes does her husband want to watch?

Question 9 At the cinema
a) How many tickets do they want, and at what price?
b) What are the two young people told?

Question 10 At the filling station
a) What type of petrol does the customer want?
b) How much oil does he want?
c) Give one service the customer asks for.

Question 11 In a department store
a) What does the customer want to buy?
b) Where exactly is the men's department?

Q7–11, CSE Mode 2, LREB 1983

Part 4   At a Campsite

Question 12

You overhear this conversation in the reception office of a French campsite.
a) What does the campsite manager tell the woman at first?
b) What size car does she have?
c) How long does she want to stay?
d) Where does the manager say there is room?
e) How much is the cost altogether?
f) Where is the swimming-pool?   CSE Mode 1, LREB 1984

Part 5   Telephone Messages

Question 13

You are staying in France and telephone your old friend Alain, who lives in Lyon. He is not there, but his father answers and gives you this information.
a) When did he leave?
b) Whom have Alain and his mother gone to visit and why?
c) How does his father suggest you contact Alain?
d) What does his father finally say he will do?

Question 14

You are alone in your friend's flat in Rouen. A friend telephones for her.
a) Who is phoning?
b) Why is she phoning? (Give 3 points)
c) What should your friend Monique do?   Q13–14, CSE Mode 2, LREB 1985

Question 1
This letter and the reply appeared in a magazine widely read by French teenagers.

ATTENTION AUX FAUSSAIRES

Je vous écris pour mettre en garde les lecteurs de Salut ! contre une sorte d'association qui vend des cassettes à bas prix. Le vendeur fait écouter des morceaux de belles chansons en disant que toutes les chansons du Top 50 sont dans la cassette, puis quand on l'écoute, cette cassette, ce ne sont pas les originaux mais des imitateurs. Et il n'y a que quelques chansons du Top intercalées avec des chansons inconnues.
Stéphanie Marty, 62500 St-Omer

Il existe en effet des disques qui prétendent avoir les chanteurs du Top. Mais il faut bien regarder l'étiquette car si les chansons sont bien celles du Top, elles sont chantées par des inconnus. Cela n'est pas interdit, il faut seulement bien vérifier l'étiquette en achetant des disques bon marché.

a) What warning is Stephanie giving to readers?
b) What exactly is her complaint?
c) What advice is given in the reply?

Question 2
This weather forecast is taken from a French newspaper.

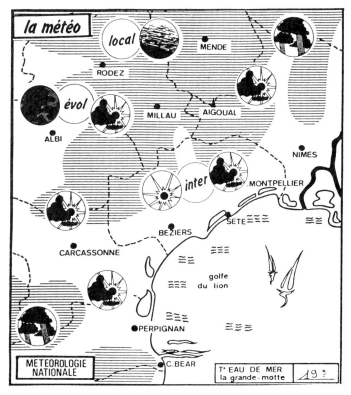

Prévisions pour la journée du 28 août :
Le temps frais en matinée, avec quelques formations brumeuses locales dans les vallées, sera peu nuageux avec belles éclaircies se généralisant en plaine ; mais en montagne des passages nuageux pourront encore s'accompagner d'averses résiduelles.
Les vents souffleront de N à NE modérés.
Les températures maximales marqueront une hausse assez sensible.
Plaisance : nuageux avec éclaircies se généralisant. Visibilité 4 à 8 milles. Vent de secteur NW à NNE 12 à 18 nœuds. Mer peu agitée.
Probabilités pour la journée du 29 août : persistance du flux de N à NE. Eclaircies prodominantes. Températures en légère hausse.
Températures relevées hier à 17 h : Millau, 11 ; Mende, 13 ; Carcassonne, 14 ; Sète, 18 ; Béziers, 18 ; Nîmes, 20 ; Perpignan, 20 ; Montpellier, 20.

a) What is the first thing you are told about the weather in the morning?
b) What are likely to occur in the valleys?
c) State two things you are told about the weather in the mountains.
d) What are you told about temperatures?
e) What are you told about the condition of the sea?
f) State two things you are told about the weather for August 29th.

Question 3

While you are staying in France your pen friend's younger brother shows you this article about an event in which he took part.

OUEST-BÉARN/**ORTHEZ**

Les 13-15 ans, rois de la randonnée !

De retour à Orthez, place de la Poustelle (Photo J.S «Sud-Ouest»)

Une équipe de jeunes de 13–15 ans du centre aéré d'Orthez vient de mener à bien une sacrée expédition. En douze jours, ils se sont rendus à pied de la fontaine d'Ahusky jusqu'á Hendaye par le GR 10.

Accompagnés du directeur du centre aéré et d'une monitrice, ils ont eux-mêmes organisé cette originale randonnée qui avait été décidée il y plusieurs mois.

Les courageux randonneurs ont passé les nuits sous la tente, dans des refuges, dans des cabanes de bergers.

Arrivés au terme de l'expédition à Hendaye, ils plongèrent aussitôt dans l'océan. Un bain récupérateur attendu depuis longtemps et qui fut particulièrement apprécié.

a) Who accompanied the young people?
b) Who organised this expedition?
c) Give the three types of places in which they spent the night.
d) What did they do when they reached Hendaye?
e) State two feelings they had about this action.

A group of Lebanese children from the war-torn city of Beirut arrived in France for a month's summer holiday. The following report of their visit appeared in a French newspaper.

LES PETITS LIBANAIS A CARCASSONNE

Mgo apprend la paix

L'opération 'Aide-Liban' a été organisée grâce aux efforts d'un groupe d'agriculteurs du Midi. Grâce à cette opération quatre cent soixante petits Libanais sont arrivés, il y a trois semaines, à Montpellier pour séjourner pendant un mois dans notre région. Ce sont les membres du groupe qui ont payé les frais du voyage en avion, et les enfants sont hébergés gratuitement par des familles de la région.

Notre reporter a suivi de près un des enfants, Mgo, un petit garçon de dix ans, aux grands yeux noirs, un peu timide, mais attachant quand-même.

Pour Mgo, les premiers jours ont été durs. Heureusement, son copain d'école est logé assez près de sa famille d'accueil. Ce n'est qu'au bout d'une semaine que Mgo commence à profiter de son séjour. Avec les autres enfants il fait des excursions au bord de la mer, mais il ne veut pas se baigner. Il préfère faire de longues promenades sur la plage, ou, mieux encore, dans les bois qui bordent notre côte.

Il y a une semaine, c'était une visite à l'ancienne ville de Carcassonne où Mgo a profité de l'occasion pour faire des achats. Et on a vu qu'il était malin, Mgo, et déjà mûr: il a entrepris une étude comparative des prix. Pas question d'acheter n'importe quoi à n'importe quel prix lorsqu'il s'agit de ramener une bonne quinzaine de cadeaux!

Et puis, les enfants sont partis passer quelques jours à la montagne à Font-Romeu, où ils ont logé dans une colonie de vacances. Mais un jour Mgo a subi une grosse frayeur. Lors d'une promenade le groupe passait près d'un chantier, (on construit actuellement un nouveau tunnel dans la montagne) quand tout à coup on entend des mines qui explosent. Ahuri, le petit Mgo se jette par terre. Une petite aventure qui montre à quel point il est difficile d'oublier l'horreur de la guerre même au sein de la douce France.

a) Who organised the 'Aide Liban' operation?
b) How many Lebanese children are involved?
c) When did they arrive?
d) What are the children paying for their accommodation?
e) State four things you are told about Mgo.
f) What helped Mgo to get over the first difficult days of his stay?
g) What did Mgo NOT want to do at the seaside?
h) What did he like best of all?
i) What did Mgo take the chance of doing in Carcassonne?
j) How did he show he was quite grown-up?
k) How many presents did he have to buy?
l) Where is Font-Romeu?
m) What emotion did Mgo experience while he was there?
n) What was being built?
o) What noise was heard?
p) What was Mgo's reaction?
q) What, according to the writer, does this incident show?

CEE, LREB 1986

Part 1 *A French Teenager Talking*

Question 1
a) How old is he?
b) Where does he work part time?
c) When exactly does he work there?
d) What helped him to get the job?
e) What two things does he mention that he does?
f) What would he like to be?
g) Why is this difficult?

CSE Mode 2, LREB 1985

Part 2 *Shopping Announcements*

In this part you will hear five announcements concerning shopping.

Question 2
a) Where is this department?
b) What two items are in the sale?

Question 3
Who will get fruit at reduced prices?

Question 4
a) What can you buy from 250 francs?
b) What is at half price?

Question 5
What three hobbies are advertised in this shop?

Q2–5 CSE Mode 2, LREB 1986

Question 6
a) What item is for sale in the basement?
b) For how much?
c) Where are the T-shirts?
d) From what price?
e) Where is the cutlery for sale?

Part 3 *Radio Items*

While staying in France you listen to the local radio station.

Question 7
a) What has occurred in the centre of town?
b) How was this caused?
c) When exactly will the variety show now take place?

Question 8
a) Name two types of bad weather which are mentioned.
b) State two sorts of damage which have occurred at Maury.
c) What proportion of the vines has been damaged at Rouffiac?

Q7–8 CEE, SEREB 1985

Part 4 *Health*

Question 9
You are going to hear part of a talk about eating habits and health which was broadcast on French radio.
a) Name two types of food of which French people eat too much.
b) Name two types of food of which they do not eat enough.
c) What are you told about French people's breakfast?
d) What are you told about their lunch? (Give 2 points)
e) Two adverse effects of this are mentioned. Give one of them.
f) What advice are you given about healthy eating? (Give 2 points)

AU FAIT

TEACHERS' BOOK

MARY CULPAN

UNWIN

HYMAN

CONTENTS

ACKNOWLEDGEMENTS

The author and publisher would like to thank the following for permission to reproduce items on tape and in this book as listening comprehension material:

Georges Simenon for the extract from *Maigret En Meublé* by Georges Simenon, publishers Editions Gallimard (Unit 9, Ex 4).

The London Regional Examining Board and the South-East Regional Examinations Board for isolated questions taken from papers and specimen papers.

The author would like to express special thanks for their contributions to Madeleine Bender, Edgar Vetter, Germain Tonellé, Corinne Sillam, M. Fontourcy and the pupils of the Lycée Français.

INTRODUCTION

AU FAIT is designed to provide teachers with a bank of reading and listening comprehension material for GCSE.

Each of the Units 1 to 10 provides reading and listening exercises for both Basic and Higher level on a topic basis. The topic titles are broadly interpreted in such a way as to cover the slight variations in the different syllabuses. Unit 11 'D'un Peu Partout' provides material which (particularly at Higher level) does not readily fit under a single topic heading, as well as additional material for some of the commonest topics such as food and shopping.

Many teachers are finding that working through the syllabus on a topic basis is the most practical and logical way of approaching GCSE. The Unit arrangement of AU FAIT allows teachers to choose, within the topic, the level of difficulty appropriate for their pupils. It should be particularly useful in classes of pupils of widely differing abilities. Many of the items will also be valuable as a basis for pupils' own oral and written production. Short listening items can be excellent models for role-play tasks; letters given as reading comprehension can provide models for pupils' own writing.

Questions in English, to be answered in English, are used throughout, with some multiple-choice questions as well. This reflects the general practice of all the examinations boards, judging by their specimen papers. In the case of listening comprehension, especially at Higher level, it is left to the discretion of the teacher to decide on the length of the sections pupils should listen to. The specimen papers of the various boards differ a little in this respect. Teachers should consult the specimen papers of the board they are using. It is, of course, important to ensure that sections are not so long that the exercise becomes a test of memory rather than comprehension. Similarly, teachers need to check the number of hearings a particular board allows.

The student's book provides two additional features. The Tackling Comprehension section lays out some guidelines to give students confidence in approaching comprehension questions. In the past, the receptive skills tended to receive a rather small share of teaching time and pupils often saw success or failure as being governed by luck and guesswork. This introduction brings a more positive approach. The help and guidance of the teacher is vital, however, if this chapter is to be of real use. In particular, teachers need to make pupils familiar with the various French sounds—nasals, French 'r' etc—which so often 'disguise' perfectly familiar words when they are heard rather than read. Clearly, pupils who have had regular listening practice during their early years of French will have fewer difficulties in this respect. It is also worth bearing in mind that recognition of derived words is far easier in reading than in listening. Pupils with some training in comprehension skills should fairly readily recognise 'ensoleillé' as being derived from 'soleil' when seen in print. To recognise the derivation aurally needs a greater degree of skill. Similarly, strategies for understanding the written word can be developed. Teachers who wish for more information on this subject could usefully consult *Developing Reading Skills*, Françoise Grellet, published by CUP.

Finally, two complete examination papers, Basic and Higher levels, have been provided in the student's book with marking schemes in the teacher's book. These contain a number of past questions set by examination boards which are appropriate to GCSE aims, but do not use any questions from GCSE specimen papers, since these are already available to teachers. These examination papers provided at the end of the student's book should be helpful in the latter stages of a GCSE course, when actual examination practice is needed. Basic papers should take about thirty minutes, Higher level papers about forty-five minutes. These are maximum lengths of examination required by the various boards. Teachers can obviously adjust the length according to the requirements of the particular board they are using.

1

LISTENING COMPREHENSION

1

Nous habitons le même appartement depuis notre mariage, il y a vingt ans. C'est un joli appartement, calme, ensoleillé, dans un petit immeuble où tout le monde se connaît—c'est comme si on habitait un village, et pourtant on est assez près de Paris—on peut y aller au théâtre, au cinéma, si on veut.

Mais le gros problème maintenant c'est qu'il n'y a pas assez de place. Quand les enfants étaient petits, ça allait. Mais maintenant, mon fils Thierry a dix-sept ans, et ma fille Francine a quinze ans. Thierry fait beaucoup de photographie, c'est son passe-temps préféré. Alors, au moins une fois par semaine il veut transformer la cuisine en chambre noire—pas moyen d'y entrer, même pour se faire une tasse de café. Et quand ce n'est pas la photographie, c'est la musique. Le weekend, son hi-fi marche toute la journée – des disques de rock, de soul, je ne sais pas. Il est gentil, il les joue assez doucement, à cause des voisins, mais dans l'appartement on les entend quand-même. Et moi, qui adore la musique classique!

Ma fille, par contre, c'est une souris, on ne l'entend jamais! Elle adore la peinture, à l'école c'est sa matière préférée, le prof. dit qu'elle est très douée. Mais la peinture à l'huile, vous comprenez, ça prend beaucoup de place. Sa chambre est assez petite, donc, le plus souvent elle travaille à la grande table dans la cuisine. Alors, vous vous rendez compte, pour moi, préparer les repas, ce n'est pas facile.

Enfin, il ne faut pas trop se plaindre. Il y a des enfants qui font tant de soucis à leurs parents – on entend des histoires affreuses de drogues, d'alcool, de mauvaises fréquentations. Tandis que les nôtres sont sages et gentils comme tout—si seulement l'appartement était un peu plus grand!

2

a) Sylvie, va dans la salle à manger et mets le couvert, s'il te plaît.
b) Paul, veux-tu aller au jardin appeler le chien, et puis donne-lui à manger, son bol est sur la table.
c) Madeleine, va dans la cuisine, ouvre le placard et prends les assiettes et les verres, s'il te plaît.
d) Philippe, va dans la cuisine aussi et apporte les couteaux, les fourchettes et les cuillers, s'il te plaît.
e) Janine, monte dans ma chambre et cherche mon chandail bleu, s'il te plaît.
f) Et toi, Jean, tu es tout sale – monte à la salle de bains et lave-toi la figure et les mains. Dépêche-toi!

3

a) Je vais te montrer ta chambre. Tu vois, c'est là, à côté de la mienne.
b) La chambre de mes parents et la salle de bains sont au fond du couloir.
c) Je t'ai déjà mis une serviette à la salle de bains. C'est la grande serviette rayée rouge et blanc.
d) Il y a deux couvertures sur ton lit, mais si ce n'est pas assez tu en trouveras une autre dans l'armoire.
e) Si tu veux te laver les cheveux je peux te prêter mon séchoir.
f) J'espère que tu auras assez de place pour tes affaires. Il y a ces deux tiroirs dans la commode et la petite armoire. Tu crois que ça suffira?

4

a) Oui, c'est gentil. Tu peux mettre le couvert, s'il te plaît.
b) D'abord, prends la nappe bleue qui est dans le placard.

2

c) Tu trouveras les couteaux, les fourchettes, les cuillers et les verres dans le buffet.

d) Et veux-tu mettre la carafe d'eau et la bouteille de vin sur la table?

UNIT 2 LES GENS

1

Je m'appelle Elise. J'ai quinze ans. J'ai les cheveux blonds, très frisés, et les yeux bleus. Je suis très sportive. J'aime tous les sports, le volley, le hockey, le tennis, mais mon sport préféré, c'est la natation.

_____

Je m'appelle Vincent. J'ai quinze ans. J'ai deux frères et une soeur mariée. Son mari est ingénieur, c'est un type très sympathique. Le dimanche, je vais à la pêche avec lui. Quelquefois, mon copain Paul vient aussi. Je quitterai le collège à la fin de cette année. Je voudrais être mécanicien, mais c'est très difficile de trouver un apprentissage.

_____

Je m'appelle Pascal. J'ai seize ans. Je suis enfant unique. Je suis très sportif. Je voudrais être prof. d'éducation physique. Pour ça, il faut d'abord avoir le bac. Donc, je travaille très dur en ce moment. Mais les vacances scolaires, je les consacre au sport. En hiver, le ski, en été, le tennis. J'ai joué dans plusieurs championnats de tennis dans la région. J'ai même gagné quelques coupes. Mais l'année prochaine j'aurai dix-sept ans donc je ne serai plus dans le groupe des 'juniors'. Alors ce sera plus difficile.

_____

Je m'appelle Nicole. J'ai seize ans. J'habite un tout petit village dans les Pyrénées, à trente kilomètres de Bayonne. Je vais au lycée où je prépare mon bac. Je veux aller à l'université faire des études pour devenir vétérinaire. J'adore les animaux, les chevaux surtout. Aussi, nous habitons une région rurale où on fait beaucoup d'élevage de vaches et de moutons, donc il y a toujours beaucoup de travail pour les vétérinaires. Pour les passe-temps, je n'en ai pas beaucoup, parce que je n'ai pas beaucoup de temps libre. Mais j'aime faire la cuisine—les gâteaux surtout!—et comme sport je fais de l'équitation.

2

A.

Allô, John, c'est toi? Ecoute, je suis désolée, mais j'ai tellement de travail au bureau que je ne pourrai pas rentrer à la maison avant neuf heures ce soir. Alors, pour le dîner pour Alain et toi, dans le frigo tu trouveras du poulet froid, de la salade, du fromage et des yaourts.

Et John, s'il te plaît, tu donneras un peu de lait au chat, n'est-ce pas?

A ce soir, au revoir!

B.

Allô, Linda, c'est toi? C'est Martine ici. Ça va? Ecoute, tu pourras venir passer la journée chez moi dimanche prochain?

Prends le train qui arrive ici à onze heures trente. Je viendrai te chercher à la gare. Dimanche, onze heures et demie, a la gare, d'accord? Au revoir!

3

Bonjour. Je me présente. Je m'appelle Germain Tonellé. J'ai trente-cinq ans. Je suis de nationalité française et j'habite à l'étranger depuis plusieurs années. J'habite plus précisément à Londres, en Angleterre. Je suis professeur de français dans une école juive à Camden Town.

Ma famille habite en France dans le Midi, à Toulouse. Mon père a soixante-sept ans et il est à la retraite. Ma mère ne travaille pas. J'ai trois frères et trois soeurs. Ma soeur aînée s'appelle Annette, elle a trente-sept ans. Elle est mariée à un vétérinaire qui possède une clinique pour animaux à Toulouse. Les affaires marchent très bien pour eux, puisqu'ils possèdent en effet une grande maison à la campagne avec court de tennis et piscine. Ils ont un petit garçon d'un an et demi. Il s'appelle Jean-Benoit. Il est très mignon.

Ma soeur cadette, Chantal, a vingt-sept ans. Elle travaille dans un centre pour les handicapés. Ma troisième soeur, Suzanne, a vingt-six ans, elle est infirmière. Mon frère Robert a vingt-quartre ans. Il est marié. Il a une petite fille qui s'appelle Marlène. Lui, il travaille dans un supermarché. Enfin, Jean-François, le dernier, a vingt-trois ans. Il est chirugien dentiste.

Dans notre famille, nous adorons les animaux et les voitures. Mon beau-frère a un gros chien noir qui s'appelle Maco, et deux chats qui s'appellent Minet et Minette. Minet est tout blanc, et Minette est toute grise. Il possède une BMW et une Renault. Sa femme utilise la Renault pour faire ses courses. Mes parents, eux aussi, ont un chien et deux chats. Le chien s'appelle Robbie. C'est un chien de chasse aux longues oreilles. Il a huit ans et il est très très gentil.

Dans notre famille nous aimons bien les voitures allemandes. Mes parents ont une BMW et mon jeune frère Jean-François aussi. Hélas, moi je suis le seul à ne pas avoir de voiture dans ma famille. Vous savez pourquoi? Je n'ai pas de permis de conduire. Je préfère utiliser les transports en commun.

a) Je m'appelle Miriam, j'ai seize ans. Je mesure un mètre soixante-dix, et j'ai les cheveux bruns, chatain clair plus précisément. J'ai les yeux bruns-verts. Je suis habillée avec une jupe, un gilet et une chemise à carreaux.

b) Je m'appelle Gail. J'ai seize ans. Je porte un jean, une chemise verte et un pullover. J'ai les yeux verts, les cheveux chatain clair. Je suis assez bronzée parce que je viens de la Côte d'Azur. Je porte de grosses boucles d'oreille blanches.

1

MONIQUE Bonjour madame.

MME. BLANCHARD Bonjour Monique. Qu'est-ce qu'il y a?

MONIQUE C'est pour vous dire que ma mère ne pourra pas venir à la réunion des parents et des professeurs demain soir, parce qu'elle est à l'hôpital.

MME. BLANCHARD Quel dommage! J'espère que ce n'est pas trop sérieux.

MONIQUE Oh non! C'est que depuis hier soir j'ai un nouveau petit frère.

MME. BLANCHARD Eh bien, mes félicitations à tes parents!

MONIQUE Merci madame. Je voulais vous demander si ma grande soeur Evelyne pourrait venir à la place de maman.

MME BLANCHARD Mais bien sûr! Nous serons très contents de la revoir.

MONIQUE Merci madame.

ETIENNE Bonjour madame.

MME. BLANCHARD Bonjour Etienne. Qu'est-ce que tu veux?

ETIENNE J'ai perdu mon carnet hier. Est-ce qu'on vous l'a rapporté, par hasard?

MME. BLANCHARD Oui, tu as de la chance. Le voici. Tu l'avais laissé dans la salle douze hier après-midi.

ETIENNE Merci madame.

MADELEINE Bonjour madame.

MME. BLANCHARD Bonjour Madeleine. Qu'est-ce qu'il y a?

MADELEINE La classe de dessin de 9 heures, c'est dans quelle salle?

MME. BLANCHARD Mais tu devrais le savoir! Tu n'as pas ton emploi du temps?

MADELEINE Non, je l'ai oublié aujourd'hui.

MME. BLANCHARD Eh bien, voyons. La classe quatrième B, dessin, dans la salle dix-neuf.

MADELEINE Merci madame.

PASCAL Bonjour madame.

MME. BLANCHARD Bonjour Pascal. Qu'est-ce qu'il y a?

PASCAL On ne vous a pas apporté une carte d'abonnement, par hasard, madame? Hier soir, j'ai pris l'autobus pour rentrer à la maison et puis je me suis rendu compte que je n'avais plus ma carte. J'étais très embêté, parce que je n'avais pas d'argent sur moi, mais mon copain Claude m'a payé mon billet.

MME. BLANCHARD Ecoute Pascal, il faut vraiment apprendre à t'organiser un peu. On est seulement mercredi aujourd'hui, et déjà cette semaine tu as perdu tes chaussures de football, ton carnet, un billet de vingt francs, et maintenant ta carte d'abonnement. Tu as encore de la chance. Voici ta carte d'abonnement. C'est Monsieur Gilbert, le concierge, qui l'a trouvée, quand il balayait la cour. Va vite le remercier avant d'aller à ton premier cours.

PASCAL Oui madame. Merci.

2

Au début, quand je suis allé au collège, je rentrais manger à la maison à midi. Mais quand j'étais en quatrième ma petite soeur Elise a commencé l'école primaire et ma mère a pu reprendre le travail. Donc, j'ai dû manger le repas de midi à la cantine scolaire. En général, il faut dire que la nourriture n'était pas trop mauvaise. Mais il y avait certaines choses qui ne me plaisaient pas du tout.

Par exemple, le mardi il y avait toujours la blanquette de veau – où le veau se faisait rare. La sauce, par contre, était abondante, mais grasse, avec un petit goût de farine. Le mercredi, on nous donnait souvent un civet de lapin. Mais quels lapins! Je n'aurais jamais cru qu'une bête puisse avoir autant d'os et si peu de chair! Mais il faut dire que la sauce était bonne.

Au moins une fois par semaine il y avait des spaghettis. Ils étaient toujours trop cuits, donc ils faisaient une masse gluante sur l'assiette, et on versait dessus une cuillerée de sauce de tomates (qui sentait la boîte) et quelques queues de champignons. Ça me dégoutait, car ma mère, qui a vécu assez longtemps en Italie fait des spaghettis

5

délicieux. Pour le dessert on avait presque toujours des fruits — mais toujours ce qu'il y avait de meilleur marché, bien entendu — des pêches un peu dures, des poires un peu trop mûres.

Mais malgré la qualité variable des repas, j'aimais bien cette partie de la journée, de midi à deux heures. D'habitude, on mangeait le plus vite possible et puis on allait dans la cour, ou au café tout près du collège. Là, on jouait au babyfoot et on buvait du Coca-Cola. En hiver, quand il faisait très froid et qu'on n'avait pas envie de sortir on restait dans la cantine jusqu'à deux heures. C'était une grande salle mal éclairée au sous-sol, mais au moins il y faisait chaud. On y bavardait, on jouait aux cartes, il y avait même quelques élèves qui faisaient leurs devoirs. Bien sûr, il y en avait toujours quelques-uns qui criaient trop fort, qui renversaient des chaises, qui embêtaient tout le monde. Alors le surveillant les mettait à la porte. Mais nous, il nous laissait tranquilles.

3

Frederic

Bonjour. Je m'appelle Frédéric. J'ai quinze ans et je suis en première S2, classe scientifique. On a donc cinq heures de maths par semaine et quatre heures de physique, et à la fin de mes études je voudrais retourner en Belgique, qui est mon pays natal, pour y faire des études d'ingénieur commercial à l'université. J'aime beaucoup le sport, surtout le tennis que je pratique pendant les vacances, et je fais du ski en hiver.

Je suis arrivé à Londres il y a un peu plus d'un an et j'ai déménagé à Wimbledon. Auparavant j'habitais à Bruxelles, près de l'aéroport et, euh... J'aime bien Londres, parce que c'est une grande ville, on voit toujours quelque chose de nouveau, mais j'espère pouvoir retourner en Belgique à la fin de mes études.

Yestine

Bonjour. Je m'appelle Yestine, j'ai seize ans. Je suis au lycée français à Londres, je suis en première S, section scientifique. Le weekend, je fais du rugby avec l'équipe du lycée, et parfois je vais visiter

Londres. C'est une très belle ville avec beaucoup de cinémas surtout, et euh.. on s'y plaît beaucoup. Ça fait cinq ans que je suis ici à Londres, et avant j'étais en Italie. Après le lycée, j'aimerais bien aller en France faire mes grandes études, surtout faire la polytechnique, l'école navale, ou peut-être l'école de l'air. Mais ce sera très dur, il faudra beaucoup d'années de travail.

Miriam

Je m'appelle Miriam, j'ai quinze ans. Je suis belge, et avant de venir ici j'ai toujours habité en Belgique à Bruxelles. Ça fait donc un an que je suis à Londres, et euh, ça me plaît assez. C'est une grande ville, il y a beaucoup de choses à voir. Ce qui est très difficile, c'est d'apprendre l'anglais au départ, alors... A l'école, je suis en seconde. Je voudrais faire le bac A, qui est le bac. de philosophie, lettres et mathématiques, puis plus tard je ne sais pas très bien ce que je voudrais faire. Ou bien je ferai de la médecine pour devenir psychologue, ou bien alors je ferai des études de droit pour devenir avocat d'affaires.

A l'école on étudie le français, les mathématiques, la physique, la biologie et toutes sortes d'autres choses – histoire, géographie. Comme passe-temps, ce que je préfère faire c'est du théâtre. Je fais partie de la troupe de théâtre du lycée et puis comme sport j'en fais pas beaucoup en dehors du lycée, mais on a trois heures ici au lycée, et pour ce trimestre-ci je fais du volley.

Gail

Je m'appelle Gail. Je suis au lycée français de Londres. Je suis en seconde. Je suis arrivée il y a trois ans. J'aime bien le lycée, c'est une école bien, mais je n'aime pas tellement l'Angleterre, quoique ce soit un beau pays. Euh... plus tard, je veux faire des études de langues et j'aimerais avoir une carrière internationale et j'aimerais aller aux Etats-Unis pour vivre là-bas, mais je dois rester à Londres pendant trois ans, mais euh... ça ne me plaît pas trop. Voilà, je n'aime pas tellement Londres parce que déjà je n'aime pas le temps. Je viens de la Côte d'Azur où il fait très beau, alors, c'est un grand changement. Et je n'aime pas tellement les Anglais. Je trouve que ce sont des personnes froides et pas tellement amicales, mais on doit vivre avec, alors, je fais des efforts. Je dois avouer qu'ils n'en font pas beaucoup eux-mêmes.

1

a) Pardon, mademoiselle, l'hôtel Bellevue, s'il vous plaît?
Allez tout droit, puis prenez la deuxième rue à gauche.

b) Excusez-moi, pour aller à la gare, s'il vous plaît?
Prenez la première rue à droite, puis la première à gauche.

c) Pardon, monsieur, pour aller au Syndicat d'Initiative, s'il vous plaît?
Prenez la deuxième rue à droite, c'est en face de la poste.

d) Excusez-moi madame, où est la piscine, s'il vous plaît?
Eh bien, vous allez tout droit et à deux cents mètres, vous verrez la piscine sur votre gauche.

e) Pardon madame, est-ce qu'il y a une banque près d'ici?
Mais oui! Allez tout droit et vous verrez la banque, au coin. C'est tout près!

2

a) Avis à la clientèle. Spécialité du jour! Poisson frais à la poissonnerie. Grandes réductions aussi à la boucherie et à la charcuterie.

b) C'est la rentrée. Ici nous avons bloqué tous nos prix jusqu'à la fin octobre. Pantalons pour enfants de 8 à 16 ans à 45 francs. C'est vrai, 45 francs. Pulls en laine à 70 francs. Oui, 70 francs. Serviettes en cuir à partir de 50 francs et anoraks à seulement 95 francs.

c) Et aujourd'hui profitez de nos offres exceptionelles sur ceintures, porte-feuilles et porte-monnaies – au deuxième étage.

CSE Mode 2, LREB 1985

3

a) Pardon, monsieur. L'hôpital, s'il vous plaît?
Prenez la première rue à gauche.

b) Le camping, s'il vous plaît?
C'est à deux cents mètres. Prenez la deuxième rue à droite.

c) Le syndicat d'initiative, s'il vous plaît?
Prenez la deuxième rue à gauche.

d) Pardon, madame, où est la poste?
Mais c'est tout près! Prenez la première rue à droite.

e) La gare, s'il vous plaît?
Allez tout droit, vous avez la gare devant vous!

4

a) Pour aller à la poste, s'il vous plaît?
Mais, c'est sur la Grande Place, à côté de l'Hôtel de Ville.

b) Vous voulez prendre le train? Eh bien, pour la gare, vous montez la rue Centrale, vers la Grande Place, tournez à droite, Avenue Charles de Gaulle, et vous avez la gare sur votre droite.

c) Pardon monsieur. Il y a une banque près d'ici?
Mais oui. Montez la rue Centrale, vous avez une banque à gauche, au coin de la Grande Place.

d) Vous voulez un plan de la ville? Alors, il faut aller au Syndicat d'Initiative. Allez tout droit, prenez la première rue à droite, l'Avenue Charles de Gaulle, le Syndicat d'Initiative est à gauche, en face de la gare.

e) Dis donc, si on allait au cinéma?
Oui, d'accord, c'est tout près. On prend la rue Centrale. Le cinéma est à droite, au coin, juste en face de la banque.

f) Excusez-moi madame. Où est la cathédrale?
Mais vous pouvez la voir, là, devant vous! La cathédrale est sur la Grande Place, à côté de la poste.

g) Pardon monsieur. Le camping, c'est loin?
Non, c'est à deux cents mètres. Prenez l'Avenue Charles de Gaulle et descendez jusqu'au vieux pont. Le camping municipal est là, au bord de la rivière.

h) Vous voulez aller à l'hôpital? Bon, alors, prenez la première rue à droite. Vous savez où se trouve le Syndicat d'Initiative? Alors, l'hôpital, c'est un peu plus loin, sur votre gauche.

i) Pour prendre l'autobus il faut aller à la gare routière. Voyons, prenez la première rue à gauche, allez vers le vieux pont, et vous avez la gare routière sur votre gauche.

j) L'Hôtel de la Paix? Mais c'est tout près. Allez tout droit vers la Grande Place. L'hôtel est à gauche, à côté de la banque.

5

Hausse du pain. Le prix de la baguette augmente aujourd'hui de 5 centimes, passant à 4F 60 dans la région parisienne et dans le Midi de la France, et à 4F 50 dans le reste du pays.

CEE, SEREB 1983

6

Un adolescent, âgé de dix-sept ans, qui désirait faire un cadeau à une amie, avait dissimulé deux chaînettes fantaisie sous sa langue avant de se présenter à la caisse d'un magasin d'Annecy. Mais, découvert par un surveillant de l'établissement il les a aussitôt avalées. Conduit à l'hôpital, il a subi une radiographie, qui a permis de localiser les objets. L'adolescent a été laissé en liberté après avoir payé les objets volés.

CEE, SEREB 1983

7

a) Je voudrais un sandwich au jambon et un grand café noir, s'il vous plaît.

b) Apportez-moi une assiette anglaise avec une portion de frites, et une bière s'il vous plaît.

c) Un sandwich au fromage et un thé citron s'il vous plaît.

d) Je voudrais un croque-monsieur et un thé au lait.

e) Un oeuf au plat avec frites, s'il vous plaît, et un verre de lait froid.

f) Je voudrais une glace à la vanille et un Orangina, s'il vous plaît.

8

GARÇON: Bonsoir monsieur 'dame.

PAUL: Une table pour deux, s'il vous plaît.

GARÇON: Oui monsieur. A l'intérieur, ou à la terrasse?

PAUL: Qu'est-ce que tu penses, Sylvie?

SYLVIE: Oh, à la terrasse! Il fait tellement beau ce soir. Et puis, c'est beaucoup plus amusant, on peut regarder les gens qui passent dans la rue.

PAUL: D'accord.

GARÇON: Alors, vous avez une table, là, à droite, au coin.

PAUL: Bon, ça va bien.
Alors, comme c'est ton anniversaire, on va prendre le menu gastronomique. Qu'est-ce tu prends comme hors d'oeuvres?

SYLVIE: Euh, une salade de tomates, et puis les moules marinières.

PAUL: Et après ça?

SYLVIE: Oh, je ne sais pas. Tu peux choisir pour moi.

GARÇON: Vous avez choisi, monsieur 'dame?

PAUL: Oui. Comme hors d'oeuvres, une salade de tomates, et pour moi, les escargots. Ensuite, pour mademoiselle, les moules marinières, et pour moi la truite aux amandes. Puis, le canard à l'orange pour les deux, avec haricots verts, et pommes vapeur.

GARÇON: Et à boire monsieur?

PAUL: Qu'est-ce que tu veux comme vin, Sylvie?

SYLVIE: Euh . . . . . Un vin blanc, s'il te plaît, un vin blanc sec.

PAUL: Bon, alors, une bouteille de Jurançon, s'il vous plaît.

GARÇON: Très bien, monsieur.

SYLVIE: Mmmm . . . Tu sais, Paul, ce canard est vraiment délicieux!

PAUL: Oui, ce n'est pas mal. Mais tu ne trouves pas que c'est un peu trop salé? Le canard que maman a fait à la maison à Noël était meilleur.

SYLVIE: Toi, alors, pour la nourriture, tu es vraiment difficile! Tu es gâté, parce que ta mère est si bonne cuisinière. Si tu n'aimes pas le canard je le mangerai pour toi.

PAUL: Ah non, alors, quand-même. Ce n'est pas si mauvais que ça!

GARÇON: Vous avez terminé?

SYLVIE: Oui, merci, c'était très bon.

GARÇON: Qu'est-ce que vous prenez comme dessert?

SYLVIE: Pour moi, une glace.

GARÇON: Quel parfum, mademoiselle? Nous avons vanille, fraise, chocolat, pistache, cassis, citron.

SYLVIE: Une glace au chocolat, s'il vous plaît.

GARÇON: Et pour vous, monsieur?

PAUL: Moi . . . . . euh . . . . . je ne sais pas. La tarte du chef, qu'est-ce que c'est?

GARÇON: C'est une tarte aux prunes, monsieur.

PAUL: Bon, je prendrai ça. Et deux cafés, s'il vous plaît.

GARÇON: Bien, monsieur.

 ## UNIT 5 LES LOISIRS

1

Allo! . . . . . Ah, c'est toi, Paul! . . . . . Une surprise-partie chez Philippe? Oh, oui, j'aimerais bien y aller. Mais j'ai mon ami(e) de Londres ici pour quelques jours. Je peux l'amener? . . . . . C'est quand, cette surprise-partie?

Vendredi soir? Ecoute, c'est un peu difficile, tu sais. Le vendredi soir je travaille à Prisunic jusqu'à huit heures. Puis il faudra que je rentre à la maison pour prendre une douche et changer de robe.

Oui, si tu pouvais venir nous chercher en voiture ce serait gentil. Disons vers neuf heures et demie, d'accord? Au revoir Paul, à vendredi!

2

a) Ecoutez maintenant nos conseils loisirs. Aujourd'hui nous vous indiquons les tarifs de locations de courts de tennis dans les villes de notre côte. Décidément, la popularité de ce sport fait augmenter les prix. Difficile de jouer pour moins de vingt francs de l'heure. La moyenne se situe autour de cinquante francs. A Bandol, il y a un club qui vous fait payer cinquante francs par personne, ce qui vous fait cent francs de l'heure.

Vous avez intérêt à faire quelques kilomètres à l'intérieur, c'est nettement moins cher, même en comptant le prix de l'essence.

b) Et attention les jeunes!
Encore un conseil pour vos loisirs!
L'association 'Inter-Jeunes' vous propose des stages de voile sur la côte bretonne ou la mer baltique. Ces stages s'adressent aux jeunes âgés de dix-huit à vingt-cinq ans, de tous les pays du Marché Commun. Les prix sont exceptionnellement avantageux.

Pour en savoir plus, appelez aujourd'hui 'Inter-Jeunes' à Paris, quarante-trois, zéro six, vingt, zéro zéro; je répète, Paris, quarante-trois, zéro six, vingt, zéro zéro.

c) Et finalement, si vous rêvez des grands espaces verts de la nature, vous pouvez vous rendre dans un des quatre parcs nationaux, ouverts toute l'année. Vous pouvez y assister à des cours pratiques en écologie, en botanique, et en géologie.

CEE, SEREB 1985

a) Je sors très peu pendant la semaine. Quelquefois, à la sortie des cours je vais au café jouer au babyfoot avec des copains, mais en général je rentre directement chez moi pour faire mes devoirs.

Le samedi soir je vais toujours à la disco avec ma copine Arlette. Le dimanche matin, je joue au tennis ou je vais à la pêche avec mon père.

b) Moi, j'ai de la chance d'habiter si près de la Maison des Jeunes. Il y a un tas d'activités ici, j'y viens deux, trois fois par semaine.

Le lundi, il y a le cours de judo, j'adore ça. Le mardi, il y a des cours de couture. C'est très bien parce qu'on peut se faire de jolis vêtements très bon marché.

Quelquefois je viens aussi le vendredi pour jouer au volley, ou simplement pour bavarder avec les copains, les copines. De temps en temps le vendredi on passe des films, des films américains surtout. Pour ça, il faut payer, mais c'est beaucoup moins cher que le cinéma!

c) Je ne sors pas beaucoup. J'habite une ferme à quelques kilomètres de la ville, donc ce n'est pas facile au point de vue transports. J'ai un vélomoteur, mais je n'aime pas m'en servir le soir quand il fait très froid, ou quand il pleut. Je viens à la Maison des Jeunes de temps en temps, surtout quand ils ont des concerts de rock. J'aime beaucoup la musique. A la maison, j'écoute des disques et je regarde la télé. J'aime surtout les émissions de sport, et les films d'épouvante.

a) Tu veux aller à la piscine cet après-midi? On pourrait se retrouver devant la piscine à deux heures et demie.

b) Il y a une surprise-partie chez Suzy demain soir. Tu veux y aller avec moi?

c) Tu sais patiner? On pourrait aller à la patinoire ce soir. Je viendrai te chercher à sept heures.

d) S'il fait beau demain on pourrait jouer au tennis. Tu peux emprunter la raquette de ma soeur.

e) Si tu veux, on pourrait aller faire de la voile samedi prochain. Il y a un centre de sports nautiques au bord du lac. C'est à dix kilomètres d'ici. On prendra l'autobus.

a) Je suis désolé, mais Jean n'est pas ici en ce moment. Il va rentrer demain. Si tu veux téléphoner demain soir, il sera à la maison.

b) Mais vous avez manqué le début du film. Il a commencé il y a une heure. Il y a une séance ce soir à huit heures.

c) Je regrette, mais tous les cours de tennis sont pris ce matin. Il y en aura un de libre à quatre heures cet après-midi.

d) Je regrette, mais on ne peut pas nager aujourd'hui car il y a trop de vent—vous voyez le drapeau rouge—mais la piscine en ville est toujours ouverte.

CSE Mode 2, LREB 1986

Si vous habitez en Bretagne vous aurez l'occasion de voir prochainement le cirque Mamar, le plus grand cirque du monde. Ce spectacle aura lieu à Rennes à partir du 3 juin, pour quinze jours. Deux séances par jour, tous les jours sauf le mardi. Première séance à 18 heures trente. Deuxième séance à 21 heures 30.

Location et renseignements au bureau du tourisme.

CEE, SEREB 1986

1

At the garage

a) Le plein, s'il vous plaît. Et voulez-vous vérifier l'huile?

b) Quarante litres de super et un litre d'huile, s'il vous plaît. Vous prenez les cartes de crédit?

c) J'ai un pneu crevé. Vous pouvez le réparer tout de suite?

Ah non, monsieur, je regrette, on ne pourra pas le faire ce soir. Il est sept heures déjà, et on ferme à sept heures et demie. Mais si vous voulez le laisser, vous l'aurez vers dix heures demain matin. Ça vous va?

D'accord. Il y a un hôtel près d'ici?

d) Trente litres d'ordinaire s'il vous plaît. Où est-ce que je peux vérifier la pression des pneus, s'il vous plaît?

Vous avez la machine là-bas, madame, à côté du magasin.

2

Si vous avez l'intention de sortir en voiture aujourd'hui, attention aux routes!

Des températures cette nuit de moins de douze degrés dans le nord, moins dix dans la région parisienne, et moins six dans le Midi ont entraîné des gelées, du verglas, et de la neige. Le verglas a déjà provoqué un accident sur l'autoroute A2 près de Cambrai, où un poids-lourd a dérapé. Pour le moment nous n'avons pas de détails sur cet accident.

3

Ce message s'adresse au chauffeur d'une Peugeot verte, immatriculée dans l'Ariège, qui s'est arrêté ce matin à la station-service Elf, sur la route nationale 20, à cinq kilomètres au sud de Limoges. Ce monsieur est prié de bien vouloir retourner à la station ou son gentil petit chien Toutou l'attend. Cette bête aurait sauté de la voiture pendant que son maître faisait le plein.

4

Young people talking

a) Moi, je vais en Italie. Je prendrai le train. Ce n'est pas tellement cher, parce que si vous avez une carte d'étudiant il y a une réduction sur tous les billets de la SNCF, et même à l'étranger.

b) Je pars en vacances de ski avec mes parents et ma soeur. On prendra la voiture. C'est pratique, on met les skis sur le toit de la voiture!

c) Je pars en vacances avec mon copain Vincent. Nous prendrons le train jusqu'à Narbonne, puis on va louer des vélos. Vous savez, on peut louer des vélos à beaucoup de gares SNCF. On passera quinze jours dans le Languedoc. On logera dans des Auberges de Jeunesse. Puis on rendra les vélos à la gare et on rentrera par le train.

d) Je vais passer trois semaines en Espagne. Je prendrai l'avion. C'est mes parents qui paient le billet. Moi, je ne pourrais pas, c'est beaucoup trop cher. Si c'était moi qui devais payer le voyage, je ferais de l'autostop!

5

At the railway station

Vous avez huit ou neuf trains par jour pendant la semaine. Il y en a moins le dimanche, évidemment. Le prix du billet aller-retour est 130 francs. Vous pouvez prendre le TGV, mais pour ça il faut payer un supplément de 45 francs.

Le prochain train? C'est le rapide de quatorze heures cinq. Voici votre billet. Dépêchez-vous! Quai numéro trois! Le train part dans quatre minutes!

At the airport

a) Les passagers pour Marseille, vol numéro 127, sont priés de se rendre à la porte numéro 19.

b) Dernier appel pour le vol numéro 236 à destination de Bruxelles!

c) Le vol numéro 164 de New York aura un retard de 45 minutes.

d) Le vol Air-France numéro 307 à destination de Toulouse partira à 13h 40. Les passagers sont priés de se rendre à la porte numéro 32.

On board the cross-Channel ferry

a) Bonjour messieurs 'dames, soyez les bienvenus à bord du ferry Ile de France.

Le restaurant est situé sur le pont C. Il est ouvert de midi à deux heures pour le déjeuner. Le snack-bar, aussi sur le pont C, est ouvert à partir de dix heures. La boutique hors taxes est ouverte jusqu'à trois heures et il y a un bureau de renseignements situé sur le pont B. Nous vous souhaitons bon voyage.

b) Attention, attention! Nous arrivons à Saint Malo dans cinq minutes.

Les passagers qui voyagent en voiture sont priés de rejoindre leurs véhicules immédiatement.

Les passagers piétons sont priés de se rendre au pont B.

1

a) M. Bonjour mademoiselle.

F. Bonjour. Je voudrais prendre l'avion pour Madrid. Ça coûte combien?

M. Vous êtes étudiante?

F. Oui, voici ma carte d'étudiante.

M. Bon. Alors vous avez une réduction de 15 pour cent. Donc, le billet aller-retour sera 1450 francs. Quand voulez-vous partir?

F. Jeudi prochain.

M. Vous avez deux vols par jour, à neuf heures trente et quatorze heures quarante.

F. Euh..... je préfère le vol du matin.

M. Alors attendez une petite minute. Je vais vous préparer votre billet.

b) F. Monsieur?

M. Bonjour mademoiselle. Je voudrais des renseignements sur les excursions au châteaux de la Loire. Les excursions en autocar, il y en a?

F. Oui, bien sûr. Vous avez des excursions de trois, cinq ou huit jours.

M. Et on est hebergé dans quel genre d'hôtel?

F. Pour l'hébergement, vous avez un choix, soit dans des hôtels deux étoiles soit dans des hôtels grand luxe. Tenez, voilà des brochures où vous trouverez tous les détails, les itinéraires, les prix, tout.

M. Merci. Quand est-ce qu'il faut réserver?

F. Ça dépend. Pendant la saison creuse il n'y a pas de problème, mais si vous voulez y aller en juillet ou en août il vaut mieux réserver tout de suite, sinon, vous risquez d'être déçu.

c) M. Bonjour madame.

F. Bonjour monsieur. J'aimerais savoir s'il y a des trains directs pour Agen, ou s'il faut changer.

M. Il faut changer à Toulouse.

F. C'est embêtant! C'est long, le voyage?

M. Non, pas tellement. Le plus simple c'est de prendre le train de nuit. Comme ça, vous partez de la gare d'Austerlitz à vingt-trois heures trente, vous arrivez à Toulouse à sept heures quinze. Puis vous avez un train pour Agen à huit heures cinq. Toulouse-Agen, ça fait une heure à peu près.

F. Pour aller à Toulouse, je peux réserver des places?

M. Oui, c'est possible. Il y a aussi des couchettes et un wagon-lits.

F. Bon. Alors, je vais réserver deux couchettes, s'il vous plaît.

2

M. C'est pour combien de personnes?

F. Nous sommes quatre, deux garçons et deux filles.

M. Vous voulez rester combien de nuits?

F. Une nuit seulement.

M. Bon. Les deux garçons, le dortoir 2, au rez-de-chaussée. Les deux filles, le dortoir 3 au premier étage.

F. Est-ce qu'on peut louer des draps?

M. Oui. Quatre paires?

F. Oui, s'il vous plaît. Est-ce qu'on peut prendre les repas ici?

M. Non, on ne sert pas de repas. Mais vous avez la possibilité de faire votre cuisine vous-mêmes. Autrement, il y a un restaurant dans le village à cinq minutes d'ici. On mange bien là-bas, et ce n'est pas du tout cher.

3

Bonjour messieurs 'dames. Je suis bien contente de vous accueillir à Dieppe. Je m'appelle Madame Leblanc et je représente la compagnie qui organise votre séjour ici. Si vous avez des problèmes, n'hésitez pas à me téléphoner au numéro 64–28–37.

CSE Mode 2, LREB 1985

4

Avez-vous regardé la liste des visites? Il y a une excursion d'une journée à Rouen. Le car va partir devant le bureau du Syndicat d'Initiative à 10 heures

30 mercredi matin. Vous arriverez à Rouen à midi. Vous aurez sept heures pour visiter la ville et vous repartirez à 19 heures. Le dîner sera pris dans un restaurant en route. Vous serez de retour à Dieppe vers 11 heures du soir. le prix du dîner est compris dans le prix de l'excursion.

CSE Mode 2, LREB 1985

5

Et maintenant, voici la météo pour demain, le quatorze août. Temps généralement nuageux, avec quelques belles éclaircies temporaires sur la moitié est de la région. Tendances orageuses locales possibles l'après-midi. Les vents du nord-ouest seront assez forts, surtout près des côtes. Températures légèrement en baisse.

Prévisions pour le quinze. Sans grand changement.

6

Toute la region a été touchée hier par les orages, souvent d'une violence rarement atteinte en cette période de l'année. Mais c'est sans doute sur la ville de Millau que les intempéries ont été les plus violentes.

25 centimètres d'eau sont en effet tombés sur la ville en l'espace de quelques heures. Des trombes d'eau accompagnées d'éclairs et de violents coups de tonnerre ont terrifié les nombreux campeurs installés tout le long de la vallée du Tarn. L'abondance des eaux a emporté la chaussée dans plusieurs endroits sur la nationale 9 vers Bêches. La circulation a été sérieusement ralentie, provoquant un bouchon de 8 kilomètres. Il n'y a pas d'accidents à déplorer, mais les nombreux campings se sont vidés avec rapidité. Par mesure de sécurité on a préféré évacuer un hôpital et une école maternelle situés pas très loin de la rivière.

7

Et maintenant, pour les vacanciers, nos conseils santés. Tout le monde est plus ou moins averti des risques de coups de soleil, mais plus grave encore, ce sont les coups de chaleur.

C'est une sensation de malaise général et de vertige qui se manifeste lorsque l'organisme a absorbé trop de chaleur et ne peut plus l'éliminer. Il peut se produire, par exemple, si l'on reste trop longtemps au soleil, même sous une tente ou une serviette de bain, si l'on reste dans une pièce trop chaude et peu aérée, ou encore si l'on se livre à des efforts excessifs en plein soleil, tels que jeux de ballon ou vélo.

Comment soigner les coups de chaleur? Buvez abondamment, habillez-vous de vêtements très légers, et mettez-vous au frais.

1

a) Le samedi, je travaille au supermarché Casino, de huit heures et demie jusqu'à dix-sept heures. C'est fatigant, mais les autres filles sont gentilles, on rigole bien. Et puis, c'est assez bien payé.

b) Je travaille dans le garage de mon oncle le samedi et pendant les vacances. J'apprends un tas de choses. Ce sera utile plus tard, parce que je veux être mécanicien.

c) Je fais du babysitting pour les voisins deux fois par semaine. Ça me fait un peu d'argent de poche. Ils ont deux enfants, une fille, Mélanie, qui a sept ans, et un garçon, Paul, qui a quatre ans. Mélanie est adorable, mais Paul... quel petit monstre!

d) Mes grandparents habitent dans le Midi et pendant les vacances je travaille là-bas à cueillir les fruits. J'y vais en juillet, c'est la saison des pêches. C'est très fatigant comme travail, mais je gagne pas mal d'argent. Avec l'argent que je gagne je peux partir en vacances pour le mois d'août.

e) Le vendredi soir et le samedi je travaille dans un salon de coiffure. Ce n'est pas mal comme travail, je fais surtout des shampooings, mais je n'aimerais pas faire ça comme métier. J'espère travailler dans l'informatique, mais pour ça il faut une formation professionnelle qui coûte assez cher.

2

Normalement j'arrive à la mairie vers dix heures, dix heures et demie et j'y travaille jusqu'à midi. Pendant ce temps-là les gens du village peuvent venir me voir comme ils veulent, sans rendez-vous. Ils n'ont qu'à frapper à la porte. Ils viennent me raconter leurs problèmes—une dispute avec un voisin pour quelques mètres de terre, des problèmes d'impôts, des documents officiels qu'ils ne comprennent pas. J'écoute, je conseille, mais je n'ai pas de solutions toutes faites.

Mais je ne vais pas à mon bureau tous les jours, ça dépend un peu des saisons. Vous comprenez, je suis vigneron, donc je dois m'occuper de mes vignes. Les vignes, c'est comme les enfants et les bêtes, il faut les soigner. Donc, par exemple, au moment des vendanges on ne me trouvera pas à la mairie!

J'essaie de faire un peu de publicité pour le village, pour le vin qu'on fait ici. Je reçois des journalistes, des hommes d'affaires. Récemment on a eu une équipe de la télévision. Ils ont tourné un film, un documentaire sur la vie d'un village typique du Languedoc. On va passer ça à Antenne 2. Etre maire, c'est beaucoup de travail, mais ça me plaît. Vous comprenez, je suis né ici, c'est mon pays, je l'aime bien. Si je peux faire quelque chose pour les gens d'ici, tant mieux!

3

Je m'appelle Corinne. Je suis née à Rouen, en Normandie, et c'est à Rouen que j'ai grandi et fait mes études. Après avoir étudié l'anglais pendant trois ans j'ai fait une demande de poste d'assistante de français en Angleterre et ma demande a été acceptée. Je suis maintenant assistante dans une école secondaire à Londres depuis le mois de septembre, c'est à dire depuis la rentrée des classes, et je repartirai en France aux grandes vacances, à la fin juillet. Mon travail est très agréable. Je prends des élèves de seconde, de première et de terminale par groupes de quatre ou cinq, quelquefois un seul élève à la fois, et nous parlons en français de choses qui les intéressent. Ils me posent des questions sur la vie en France et j'essaie d'y répondre du mieux que je peux, nous lisons des articles de journaux ensemble, quelquefois nous écoutons des chansons françaises. C'est vraiment très chouette! L'ambiance est détendue et je me sens vraiment à l'aise et je crois qu'eux aussi.

L'école où je travaille est assez grande et il y a beaucoup d'élèves et de professeurs. En fait je connais très peu de professeurs parce qu'ils sont tous très occupés et n'ont ni le temps ni l'envie de discuter avec une inconnue. Dans l'ensemble, je suis heureuse d'être ici. Je ne travaille que douze heures par semaine et j'ai donc beaucoup de temps libre. J'en profite pour visiter Londres qui est une ville magnifique; pour rencontrer des gens nouveaux, prendre des cours d'anglais, faire du sport. Le seul inconvénient de ce travail est le fait qu'un assistant est très mal payé, ce qui limite considérablement les sorties dans une ville comme Londres. Enfin, ce n'est pas dramatique—on arrive très bien à se débrouiller. Comme ça j'essaie de profiter au maximum de tout. L'année prochaine j'aimerais bien continuer à faire la même chose, mais cette fois en Espagne. Ça me permettra d'apprendre l'espagnol, de découvrir la culture des gens qui le parlent, tout en ayant un temps plus clément qu'à Londres. Puis j'espère reprendre mes études pour devenir interprète. Je n'ai pas envie de faire carrière dans l'enseignement. En fait, ma mère est institutrice, ce qui signifie qu'elle enseigne un peu toutes les matières à des enfants qui ont entre six et dix ans. Depuis quelques années elle a la chance d'une classe de CM2: ça veut dire cours moyen deuxième année—la dernière année d'école primaire.

Elle travaille dans une école située à cinq minutes de notre maison. Tous les matins elle quitte la maison à huit heures et quart, à dix heures elle surveille la récréation si elle est de service et à onze heures et demie elle rentre déjeuner à la maison. Quelquefois elle doit surveiller le déjeuner des enfants à la cantine, mais ça devient de plus en plus rare. L'école reprend à une heure et quart avec une récréation à trois heures, et se termine à quatre heures.

Mais la journée de travail n'est pas finie; il faut encore corriger les cahiers des élèves pour vérifier s'ils ont assimilé ce qu'elle leur a enseigné, et préparer la classe du lendemain.

Pour elle, c'est la dernière année et elle attend avec impatience de savourer les joies de la retraite. Je suis sûre qu'elle partira avec une pointe de regret car malgré tout le travail et les contraintes que le métier d'institutrice implique il n'y a rien de comparable pour garder l'esprit jeune que d'être en contact avec des enfants à longueur d'année.

1

Décidément, la criminalité ne connaît pas de frontières! Ce soir, trois histoires de hold-up—en Angleterre, en France, et en Espagne.

A Londres d'abord......

Les malfaiteurs qui ont cambriolé la salle des coffres d'une banque de la cité de Londres pendant le dernier weekend de juillet pourraient s'être emparé d'un butin évalué à 50 million de livres sterling.

A un moment indéterminé entre le vendredi 30 juillet et le dimanche 1er août la salle des coffres de la banque Lloyds à Holborn, près de la bourse aux diamants, a été dévalisée. Mais un certain nombre de clients de la banque ayant refusé de détailler le contenu de leurs coffres, les enquêteurs ne peuvent évaluer le butin avec certitude.

A Paris, deux jeunes gens se sont emparés jeudi, avec le calme et le métier des professionnels, de cinq millions de bijoux dans une joaillerie de la rue Royale, au coeur de Paris. Elégamment vêtus, les deux cambrioleurs se sont fait passer pour des clients et ont réussi à pénétrer à l'intérieur de la joaillerie, dont l'entrée est filtrée.

Arme au poing, ils ont ligoté les vendeurs, tenu en respect les clients, et vidé le contenu du coffre dans leurs sacs. L'opération n'a duré que quelques minutes.

Et finalement, en Espagne, la police de la ville de Cordoue a arrêté une bande de voleurs qui depuis plusieurs semaines dévalisaient les voyageurs du train Seville-Cordoue dans la plus pure tradition du Western.

La bande, composée de quatre hommes âgés de 21 à 24 ans et d'un mineur de 15 ans, le visage dissimulé par un foulard, prenait le train d'assaut quand il passait à faible allure par une petite gare de campagne.

Une fois dans les wagons, les criminels dévalisaient les voyageurs terrifiés sous la menace de revolvers avant de sauter du train en marche et de s'enfuir. Seule concession au modernisme, ils s'éclipsaient en voiture et non à cheval.

2

La police de Los Angeles a arrêté son premier robot. Celui-ci rôdait, mardi soir, dans les rues du quartier résidentiel de Beverley Hills, bien visible avec ses traditionnelles lumières clignotantes sur la tête. Un policier, appelé sur les lieux, constata que le robot avait une démarche plutôt bizarre: peut-être avait-il un peu trop bu?

Interpellé, le robot refusa de donner son identité. Le policier fit alors appel à un camion-grue pour l'emmener au poste de police où il a passé la nuit.

CEE, SEREB 1984

3

Surprise très désagréable pour un cambrioleur qui est entré samedi matin dans un appartement parisien. Au cours de ses investigations il découvrait le corps d'un homme, sans vie, allongé sur un lit.

Craignant d'avoir laissé des empreintes et d'être accusé d'homicide, le cambrioleur a tout de suite téléphoné au commissariat.

4

Et maintenant, chers auditeurs et auditrices, nous vous présentons le prochain épisode de notre feuilleton policier. Dans cet épisode, l'inspecteur Maigret va interroger le jeune Paulus, fortement soupçonné d'un hold-up dans un bar parisien, et peut-être d'un crime plus grave.....

Dans la voiture qui les amenait au commissariat Paulus semblait calme. Mais au moment où la voiture passait devant un bureau de tabac il a demandé:

– On pourrait arrêter un instant pour que j'achète des cigarettes?

– Il y en a dans mon bureau.

Dix minutes plus tard ils étaient dans le bureau de l'inspecteur.

– Assieds-toi. Maintenant parle.

– Vous savez, ce n'est pas moi qui ai tiré sur l'inspecteur. Je le jure. Je n'avais pas de revolver. Le revolver dont je me suis servi dans le bar était un jouet, un simple jouet.

– Je sais.

_____

– Parlons de l'affaire du bar La Cigogne. Qui a décidé le coup?

– Jef et moi.

– Jef, donc, c'est ton complice?

– Oui, mon copain Jef van Damne. C'est un Belge. Il a vingt-cinq ans, marié, avec un enfant. Il travaillait comme garçon de café.

– Où l'as-tu connu?

– Dans un bar.

– Il y a longtemps?

– Près d'un an.

– Et sa femme, tu la connais?

– Oui, elle s'appelle Juliette. Elle est souvent malade, se plaint toujours. Jef disait qu'il ne savait pas pourquoi il l'avait épousée, qu'il n'avait pas l'intention de passer sa vie avec elle.

_____

– Il voulait quitter Juliette?

– Oui, et il en avait assez de Paris. Son rêve était d'aller en Amérique. Moi aussi, j'aimerais bien y aller. Mais je n'ai pas assez d'argent.

– Tu n'as pas d'emploi?

– Non, pas maintenant. D'abord, quand je suis venu à Paris je travaillais boulevard Saint-Denis—mais j'ai perdu ma place.

– Parce que tu volais de l'argent dans la caisse.

– Comment le savez-vous?

– Parce que tu es comme tant de garçons de la campagne qui viennent à Paris. Tu aurais mieux fait de rester chez tes parents à la ferme.

L'inspecteur a rempli lentement sa pipe. Les gosses comme Paulus lui faisaient pitié.

From *Maigret En Meublé* by Georges Simenon.

5

Le hold-up de l'année s'est déroulé hier sur la Côte d'Azur en plein jour. Il était à peu près midi et demi lorsque deux hommes en tenue de tennis ont pénétré à l'intérieur de la bijouterie Cartier à Cannes. En moins de dix minutes ils ont braqué leurs armes sur les employés, dévalisé les coffres, raflé ce qu'il y avait dans les vitrines, et sont repartis comme ils étaient venus—en short—prenant soin d'emporter avec eux la bande vidéo de la caméra qui venait de les filmer. Écoutez maintenant l'une des vendeuses qui m'a raconté sa mésaventure:

VENDEUSE Environ douze heures quinze, un homme s'est présenté à la porte de la boutique. On a pensé que c'était un client, donc nous avons ouvert. Moi, je me suis occupée de lui. Il a demandé à voir plusieurs objets de la vitrine. Puis, au bout d'un moment il a fait mine de partir, en disant qu'il voulait réfléchir. Donc, j'ai ouvert la porte du magasin pour qu'il parte quand tout à coup il a braqué un revolver sur moi et m'a ordonné de reculer jusqu'au fond du magasin, ainsi que le reste du personnel. Tout de suite un autre gangster, qui était entré de l'autre côté, nous a tenus en joue et nous a surveillés tandis que le premier dévalisait la vitrine.

REPORTER Et l'attaque a duré combien de temps, à peu près?

VENDEUSE Oh, l'attaque a été très rapide, environ huit minutes.

REPORTER Vous étiez affolée?

VENDEUSE Oui, un petit peu. Même après l'incident, on était tous assez énervés, assez nerveux.

_____

Mais l'histoire ne finit pas là. Comme vous avez déjà entendu, les deux casseurs ont emporté la bande vidéo de la caméra sécurité du magasin. Mais cela s'est montré précaution inutile. Les employés de la bijouterie ont formellement reconnu les gangsters sur photo. Il s'agit de Bruno Soulac, dit 'le légionnaire' et de son complice habituel, Radice Zanovitch. Les deux hommes semblent apprécier tout particulièrement la maison Cartier. Au début de l'année ce sont eux qui ont signé le casse de la bijouterie Cartier à Paris. Le butin alors était de dix millions de francs. Hier, ils ont fait beaucoup mieux. On estime à trente millioins de nos francs la valeur des bijoux volés.

CEE, LREB 1985

1

a) La terre a tremblé en Italie!
Deux tremblements de terre ont été enregistré hier peu après 9h30 dans la région de Naples. Dans la banlieue napolitaine un immeuble inhabité s'est effondré.

Dans le centre de la ville des scènes de panique ont eu lieu, mais on ne signale aucune victime du désastre.

b) Des pluies torrentielles accompagnées d'orages et de grêle se sont abattues hier sur la Suisse. En Suisse centrale plusieurs villages ont été isolés par des glissements de terrain, et de nombreuses routes ont été coupées.

2

a) Tragédie dans le Tour de France hier. Au cours de la dixième étape, étape difficile dans les Pyrénées, un coureur allemand est tombé et a perdu connaissance. Il était mort à son arrivée à l'hôpital. Il était âgé de 25 ans et participait au Tour pour la première fois.

b) La nuit dernière il y a eu un incendie dans la maison de couture d'Yves St. Laurent à Paris, où étaient stockés les vêtements que Monsieur St. Laurent présentera aux collections de modes la semaine prochaine. Heureusement, à minuit, un gardien de nuit a vu l'incendie, il a appelé les pompiers, qui ont éteint l'incendie en vingt minutes.

CSE Mode 2, LREB 1983

3

a) Salut Janine! Tu as passé de bonnes vacances?
Non, pas tellement. On est allé à la montagne, toute la famille, faire du ski. Mais le premier jour je suis tombée et je me suis cassé la jambe. Donc j'ai passé toute la semaine dans l'hôtel. Le pire, c'était le soir. Je ne pouvais pas danser à la disco, et tu sais combien j'adore danser!

b) Maman! Je ne me sens pas bien.
Qu'est-ce qui ne va pas?

Je ne sais pas. J'ai mal à la tête et j'ai mal à la gorge.
Je crois que j'ai un peu de fièvre.
C'est vrai que tu n'as pas bonne mine. Ça doit être une grippe. Je vais téléphoner au collège pour dire que tu es malade. Recouche-toi, je vais t'apporter une boisson chaude et deux cachets d'aspirine.
Merci maman.

c) Allô! C'est toi, Chantal? Ecoute, je suis désolée, mais je ne pourrai pas venir à la Maison des Jeunes ce soir. Thierry, tu sais, mon petit frère, est malade. Mes parents avaient déjà réservé des places au théâtre, donc je dois rester à la maison avec Thierry. Il a une bronchite. Il tousse beaucoup et il a de la fièvre. On doit lui donner un médicament toutes les trois heures. C'est une sorte de sirop, mais il le déteste, il dit que c'est dégoûtant. Il ne veut pas le prendre. Chaque fois il se met à pleurer. Comme ils sont difficiles, les gosses!

4

Une jeune touriste français, Arnaud Villalard, âgé d'une vingtaine d'années, est porté disparu depuis une semaine dans le nord saharien.

Le jeune homme, originaire de Salon-de-Provence, avait passé la frontière algéro-nigérienne à Assamaka, dans les derniers jours du mois d'avril au volant de sa voiture, une Peugeot 404 . Il a bivouaqué une nuit dans le désert avant de poursuivre sa route vers Arlit, la cité minière du nord du Niger et ville-étape de la trans-saharienne. Il a été perdu de vue à environ 120 km au nord d'Arlit, dans une zone de dunes où la piste semble mal balisée.

Des recherches ont immediatement été entreprises par l'armée nigérienne et la gendarmerie pour retrouver Arnaud. Il semble en effet que le jeune homme ne disposait pas d'importantes réserves d'eau et de nourriture. D'autre part, son véhicule, qu'il avait l'intention de vendre dans un pays africain, était en mauvais état.

CSE Mode 2, LREB 1984

1

a) Dernier appel pour le vol 114 à destination de Paris!

b) Louez une voiture pour vos vacances. Deux cent vingt francs par semaine: cela comprend l'assurance et cinq cents kilomètres par jour. Choix de voitures.

c) Hier soir il y a eu un accident sur l'autoroute entre Marseille et Nice. Un camion rempli d'essence s'est renversé en heurtant une camionnette. Le conducteur du camion n'a pas été blessé mais le feu a détruit les deux véhicules.

2

a) Le tabac madame? Continuez tout droit sur—euh—cinquante mètres. Prenez la première rue à droite et le tabac se trouve juste là, à côté de la grande librairie.

b) Les jouets? Il faut prendre l'ascenseur jusqu'au quatrième étage, puis passez par les meubles, et vous les trouverez au bout, à droite.

c) Le prêt à porter à la mode, pour femmes, c'est ici chez Paul Renard. Vous n'avez pas besoin d'aller à Paris pour la haute couture, elle se trouve parmi vous, chez Paul Renard.

3

Bonjour, comment t'appelles-tu?

Je m'appelle Marie-Claire.

Où habites-tu?

J'habite en Guadeloupe.

C'est où, la Guadeloupe?

C'est une petite île des Caraïbes, pas loin de l'Amérique du Sud.

Parle-moi de ton pays.

Il fait beau et chaud toute l'année.

Il y a de très belles plages et beaucoup de touristes.

4

Bonjour mademoiselle.

Bonjour. Je voudrais partir en Espagne.

Oui. Où désirez-vous aller exactement?

Je voudrais aller à Madrid.

Comment voulez-vous voyager?

En avion. Combien coûte le billet aller-retour?

Ça depend. Vous êtes étudiante?

Oui.

Alors, vous payez moins cher. A quelle date désirez-vous partir?

Pendant le mois de juillet. Est-ce que je peux réserver maintenant?

Oui certainement. En juillet il y a un vol direct trois fois par semaine—le mardi, le vendredi et le samedi.

Bon, alors, disons le samedi treize juillet.

D'accord, je vais vous faire la réservation. Voilà, voulez-vous signer cette fiche, s'il vous plaît?

Voilà, merci.

Merci mademoiselle, et au revoir.

5

Bonjour madame. Vous désirez?

Je voudrais voir la robe verte—celle qui est en vitrine.

Oui, d'accord. Quelle taille faites-vous?

Trente-huit.

Voilà.

Elle est vraiment très jolie. Le tissu est très agréable. Qu'est-ce que c'est?

Euh, voyons, c'est un coton léger.

Puis-je l'essayer s'il vous plaît?

Bien sûr. La cabine d'essayage se trouve là-bas, près de la caisse.

Elle me semble un peu grande. Qu'en pensez-vous?

Oui, à moi aussi. Je peux vous proposer la taille en dessous si vous voulez.

Oui, s'il vous plaît.

Voilà, je crois que ça devrait aller.

Oui, c'est exactement la taille qu'il me faut. Je crois que je vais la prendre. Voulez-vous me faire un paquet s'il vous plaît? Au fait, quel prix c'est?

Alors, celle-ci coûte 720 francs.

720 francs! C'est cher! Je ne sais vraiment pas quoi faire. Ecoutez, je vais réfléchir un peu et puis je reviendrai peut-être demain.

D'accord, mais vous savez, ce modèle est très demandé. N'hésitez pas trop longtemps, vous risquez d'être déçue.

Bon, alors, à demain peut-être. Au revoir madame.

6

Mademoiselle, s'il vous plaît!

Vous désirez?

Je voudrais un jus d'orange. Est-ce que vous avez des sandwichs?

Oui. Pâté, jambon, fromage.

Euh, je vais prendre un sandwich au fromage. Et pour mon ami, ce sera un sandwich au pâté et une bière.

Un sandwich pâté, un sandwich jambon, un jus d'orange et une bière.

Combien je vous dois?

Vingt-six francs.

Est-ce que je vous paie tout de suite?

Oui, s'il vous plaît. Merci.

7

a) Cambriolage à Nice.

C'est très probablement à l'aide de fausses clés que les cambrioleurs se sont introduits en plein jour dans l'appartement qu'occupe Monsieur Joseph Vitale, agent d'Air France, au premier étage d'un immeuble situé dans la banlieue niçoise. Après avoir fouillé les lieux, ils se sont emparés d'un lot de bijoux divers, d'un manteau de fourrure, de deux costumes et d'un récepteur de radio, l'ensemble évalué à huit mille francs environ.

b) Automobilistes vous n'aimez pas rouler la nuit, et vous avez raison. Le silence et la solitude inquiètant quand on roule la nuit. Trouver de l'aide devient difficile. Mais maintenant, depuis le 29 juin, vous n'êtes plus seul. De minuit à cinq heures 'Station de nuit'—l'émission quotidienne ESSO/RTF chante dans votre voiture. Et son animateur vous tient compagnie. Grâce à cette émission vous trouverez aussi de l'aide. Il suffit d'appeler le standard de 'Station de nuit'; il fonctionne depuis le 29 juin de minuit à cinq heures. Pour l'obtenir, téléphonez au 47.20.22.11. Vous expliquez clairement votre problème, et on vous aide.

c) Un système de sécurité sans précédent a été installé à l'Institut du Commonwealth à Londres, pour protéger un saphir particulièrement précieux: la pierre est gardée par un cobra à la morsure mortelle. Le reptile a été placé dans une boîte de verre fermée, où est exposé le saphir à partir de lundi et pour un mois, à l'occasion d'une exposition d'objets précieux de Sri Lanka.

Par sa taille, sa qualité et sa couleur, la pierre est considérée comme l'un des trois saphirs les plus précieux au monde.

(c) only, CEE, SEREB 1983

PRACTICE EXAMINATION 1

 BASIC LEVEL

Part 1 *Shopping*

Question 1
Je voudrais une baguette et quatre croissants, s'il vous plaît.

Question 2
Elles sont combien, les fraises?
Dix francs le kilo, madame.
Ah non, c'est trop cher. Donnez-moi un kilo de pêches.

Question 3
Je voudrais un paquet de sucre en poudre et un litre de lait, s'il vous plaît.

Question 4
Je voudrais du shampooing pour les cheveux secs, s'il vous plaît.
Oui monsieur. J'ai ce shampooing Dop. C'est douze francs pour la grande bouteille.

Question 5
J'ai besoin de couteaux et de fourchettes, s'il vous plaît.
Alors, il vous faut le rayon ménager, madame. C'est au premier étage.

Part 2 *Travel Announcements*

Question 6
Le train en partance pour Rouen partira à 19h30, quai numéro 3.
Je répète.....
Le train destination Le Havre au quai numéro onze partira à 14h25. Je répète.....

Question 7
Les passagers du vol numéro 110, destination Madrid, sont priés de se rendre à la porte numéro 20. L'avion va décoller dans 30 minutes à 15h45. Je répète.....
Les passagers du vol numéro 42, destination Francfort, sont priés de se rendre à la porte numéro 16. L'avion va décoller dans 20 minutes à 8h30. Je répète.....

Part 3 *At a hotel*

Questions 8–12
Il nous reste la chambre 84. C'est au deuxième étage et vous avez une vue superbe sur la mer. Vous viendrez donner la clef à la reception chaque fois que vous sortirez. Le prix est de 60 francs par jour pour la chambre 84. Si vous voulez le petit déjeuner à l'hôtel il faudra payer un supplément.

CSE Mode 2, LREB 1983

Part 4 *A French teenager talking*

Questions 13–18
Maintenant, je prépare mon bac, mais ce que j'aime surtout au collège, ce sont les travaux manuels. Ce qui compte dans la vie, ce ne sont pas les diplomes mais l'expérience pratique. Je n'ai aucune envie de continuer mes études quand je quitterai le collège. Je travaille dans un garage six heures par semaine, pour gagner de l'argent de poche. Avec l'argent j'achète les disques ou les vêtements dont j'ai envie. J'aime travailler dans le garage et je serai peut-être mécanicien.

CSE Mode 2, LREB 1983

Marking scheme

1.	1 baguette (French loaf)	1
	4 croissants	1
2.	10F a kilo	1
	(1 kilo of) peaches	1
	(packet of) sugar	1
3.	(litre of) milk	1
4.	a) dry	1
	b) 12F	1
5.	a) knives (1) forks (1)	2
	b) 1st	1
6.	3 ($\frac{1}{2}$) 19.30 (7.30pm) ($\frac{1}{2}$)	1
	11 ($\frac{1}{2}$) 14.25 (2.25pm) ($\frac{1}{2}$)	1
7.	110 ($\frac{1}{2}$) 15.45 (3.45pm) ($\frac{1}{2}$)	1
	42 ($\frac{1}{2}$) 8.30 ($\frac{1}{2}$)	1
8.	2nd floor	1
9.	sea view	1
10.	60F(1) per day(1)	2
11.	pay extra	1
12.	hand in (1) at reception (1)	
	when you go out (1)	3
13.	craft	1
14.	practical experience	1
15.	continue studying	1
16.	garage ($\frac{1}{2}$) 6 hours a week ($\frac{1}{2}$)	1
17.	records (1) clothes (1)	2
18.	mechanic	1

Total for paper 30

Part 1   News Items
Question 1
Collision dans le brouillard . . . . . 2 morts. Lundi matin, le 9 janvier, à 8h20 il y a eu une collision entre un taxi et un camion. Le chauffeur du taxi et son client ont été tués sur le coup.

Question 2
Deux individus, pas masqués mais portant des lunettes de soleil, ont fait irruption mardi à 15h40 dans l'agence du Crédit Agricole. Ils se sont fait remettre le contenu du coffre-fort, 50,000 francs environ, par le caissier sous la menace de leurs armes.

Question 3
Un incendie qui a détruit un grand hôtel hier à l'aube a fait au moins dix blessés. Le feu a éclaté vers cinq heures et demie du matin pendant que les clients étaient encore couchés. La plupart d'entre eux étaient des étrangers, des Espagnols, des Allemands et des Anglais.

CSE Mode 2, LREB 1986

Part 2   A Weather Forecast
Question 4
Et maintenant, la météo pour aujourd'hui.
En ce jeudi, le risque d'orages est toujours important sur la région sud-ouest, le bassin méditerranéen, et les Alpes. Les autres régions de France ne sont pas à l'abri. On signale de petites pluies dans la région parisienne. Dans le nord du pays on doit s'attendre à de fortes averses. Seules les côtes de la Manche et la Bretagne ont une bonne chance de voir un peu de soleil.

Part 3   Shopping
Questions 5–12
FRANCINE   Voyons . . . Il faut trouver le rayon parfumerie. Je crois que c'est ici, au rez-de-chaussée. Tiens, il y a une liste des rayons, on va vérifier. Ah non . . . je me trompe, ce n'est pas au rez-de-chaussée, la parfumerie, c'est au troisième étage. On va prendre l'ascenseur, n'est-ce pas? Il est là-bas, à côté du rayon boulangerie.

VENDEUSE   Bonjour, mademoiselle, vous désirez?

FRANCINE   Bonjour. Je cherche du parfum, pas trop cher.

VENDEUSE   C'est pour vous, mademoiselle?

FRANCINE   Non, c'est pour ma mère.

VENDEUSE   Du Chanel, peut-être?

FRANCINE   Ah non, je sais que maman n'aime pas ça. Elle dit que tout le monde le met.

VENDEUSE   Beh . . . vous avez les parfums Dior . . . Il y en a plusieurs, vous savez, pour tous les goûts.

FRANCINE   Oui . . . euh . . . ça coûte combien?

VENDEUSE   Ce sont de très bons parfums mademoiselle, donc ils coûtent évidemment assez cher. Vous avez le petit flacon à 240 francs et le grand flacon à 560 francs.

FRANCINE   Oh là là! C'est beaucoup trop cher.

VENDEUSE   Alors, une solution, c'est d'acheter de l'eau de toilette. Vous avez le même choix que pour les parfums, mais c'est beaucoup moins cher, et comme c'est moins concentré vous avez une plus grande bouteille. La petite bouteille coûte 60 francs, puis vous avez les plus grandes à 90 francs et 150 francs.

FRANCINE   Bon, je prendrai la bouteille à 90 francs. C'est pour un cadeau. Avez-vous des cartes?

VENDEUSE   Oui, bien sûr. Les cartes sont là-bas, près de la sortie. Quand vous avez choisi, vous pouvez passer directement à la caisse.

Part 4   A guide talking
Questions 13–20
Nous voici donc au sommet du Pic du Midi. J'espère que vous avez apprécié la montée. Comme vous savez, les voitures, les cars, etc, ne peuvent pas monter jusqu'ici. Le téléphérique reste le seul moyen de transport pour la plupart des visiteurs comme vous—à part les alpinistes, bien sûr.
Ce nouveau centre touristique, où nous venons d'arriver, vous offre de multiples facilités. Il y a un bar ouvert toute l'année, un restaurant panoramique ouvert de mai jusqu'à la mi-septembre et de décembre jusqu'en mars. Il y a aussi une boutique-souvenirs à côté du restaurant dont les heures d'ouverture sont les mêmes que celles du restaurant. En hiver la location de skis peut se faire ici, ainsi qu'en bas, dans le village au pied du Pic. Le téléphérique ne ferme jamais, pas même les jours de fête. Ici, en effet, les fêtes de Noël et du Nouvel An sont la période la plus importante du point de vue touristique et sportif.

Marking Scheme

1. a) taxi (1) lorry (1)   2
    b) taxi-driver (1) passenger (1)   2
2. a) not masked (1)
       wearing sunglasses (1)   2
    b) Tuesday (1)
       15.40 (3.40pm) (1)   2
    c) 50,000F   1
3. a) 5.30   1
    b) sleeping   1
    c) any 2 from Spanish, Germans,
       English (1 mark each)   2
4. a) Thursday   1
    b) any 2 from: South West,
       Mediterranean, Alps (1 mark each)   2
    c) light ($\frac{1}{2}$) rain($\frac{1}{2}$)   1
    d) Channel coast (1) Britanny (1)   2
5. 3rd   1
6. next to ($\frac{1}{2}$) bakery dept. ($\frac{1}{2}$)   1
7. too common   1
8. 120F   1
9. cheaper (1) more for money (1)   2
10. 60F   1
11. do they have cards?   1
12. after choosing card   1
13. you have enjoyed (1) the ride up (1)   2
14. cars (1) coaches (1)   2
15. mountaineers/climbers   1
16. all the year round   1
17. May ($\frac{1}{2}$) —mid-September
       (must have 'mid') ($\frac{1}{2}$)
    December ($\frac{1}{2}$)—March($\frac{1}{2}$)   2
18. same times as restaurant   1
19. up at top of mountain (1)
    down below in village (1)   2
20. Christmas ($\frac{1}{2}$) New Year ($\frac{1}{2}$)   1

Total for paper 40

PRACTICE EXAMINATION 2

Part 1   Travel

Part A

Question 1
Le train destination Dieppe partira à quinze heures trente, quai numéro sept. Je répète.....

Question 2
Vous avez des téléphones là-bas, à côté du buffet.

Part B

Question 3
Les passagers du vol numéro 45, destination Toulouse, sont priés de se rendre à la porte 16. L'avion va décoller à neuf heures trente. Je répète.....

Part 2   Around the town

Question 4
La poste? Continuez tout droit, puis prenez la première rue à droite.

Question 5
La banque? Alors, euh, allez tout droit et prenez la deuxième rue à gauche . Vous avez une banque là, en face du Syndicat d'Initiative.

Question 6
La piscine? Beh, il faut prendre la première rue à droite, et puis continuez jusqu'à la grande place. Sur votre gauche vous verrez un petit jardin public. La piscine est juste à côté.

Part 3   Short Conversations

Question 7   In a cafe.
Bonjour jeune homme, qu'est-ce que tu veux?
Je voudrais une glace au citron et une glace à la vanille, s'il vous plaît.
Voilà, une glace citron et une glace vanille.

Question 8   A French couple at home.
Chic alors Louis: il y a un film policier ce soir à neuf heures sur Antenne Deux.
Eh bien moi, Jeanne, je préfère regarder le match de football sur France 3 et puis le film d'épouvante.

Question 9   At the cinema.
Deux places à vingt francs pour le film de dix-neuf heures trente, s'il vous plaît.
Excusez-moi, quel âge avez-vous?
Nous avons tous les deux seize ans.
Alors, je regrette mais il est interdit aux moins de dix-huit ans.

Question 10   At the filling station.
Que désirez-vous? Du super?
Non, 150 francs d'ordinaire et cinq litres d'huile.
Pouvez-vous aussi laver mon pare-brise et gonfler mes pneus?

Question 11   In a department store.
Excusez-moi madame, j'aimerais acheter un pullover.
Oui monsieur, le rayon pour hommes est au deuxième étage à gauche.

Q7–11, CSE Mode 2, LREB 1983

Part 4   At a campsite

Question 12
JEUNE DAME Bonjour Monsieur! Avez-vous un emplacement libre pour nous?
MONSIEUR Je regrette, Madame, il ne reste plus de place.
JEUNE DAME Mais monsieur, nous n'avons qu'une toute petite tente et une tres petite voiture—une deux chevaux.
MONSIEUR Vous voulez rester combien de temps, Madame?
JEUNE DAME Une nuit seulement, Monsieur.

MONSIEUR Alors, si c'est pour une nuit seulement, vous pouvez vous installer là-bas, tout près des douches. Il faut partir avant dix heures demain matin. Vous avez un carnet de camping?

JEUNE DAME Bien sûr, Monsieur. Le voilà.

MONSIEUR Merci. Ça fait vingt-huit francs. Dix francs chaque personne, et huit francs la voiture. Il y a une épicerie ici, à côté du bureau, et il y a une petite piscine près des arbres, là-bas.

JEUNE DAME Merci beaucoup, Monsieur. A tout à l'heure.

CSE Mode 1, LREB 1984

Part 5 Telephone messages

Question 13

Non, Alain n'est pas ici. Il est parti à Paris samedi dernier avec sa mère rendre visite à sa grand-mère qui est malade. Elle n'a pas le téléphone mais tu as déjà son adresse à Paris. Tu peux lui écrire chez sa grand-mère. De toute façon, quand il me téléphonera je lui dirai que tu as appelé.

Question 14

Allô! C'est Monique? Ah! Elle n'est pas là? Ici c'est Martine, son amie de Dieppe. Pourrais-tu lui dire que je viens à Rouen dimanche, et que j'aimerais bien la voir. Dis-lui de me rappeler ce soir, pour arranger ça. Elle a mon numéro de téléphone. Merci bien, au revoir!

Q13–14, CSE Mode 2, LREB 1985

BASIC LEVEL

Marking Scheme

1.	15.30 (3.30pm)	1
2.	next to ($\frac{1}{2}$) the buffet/snack-bar ($\frac{1}{2}$)	1
3.	9.30 (1) 16 (1)	2
4.	straight on (1) first right (1)	2
5.	straight on (1) 2nd left (1) opposite tourist office (1)	3
6.	1st right (1) to square (1) park on left (1) swimming pool next to it (1)	4
7.	lemon ice (1) vanilla ice (1)	2
8.	a) thriller	1
	b) football match (1) horror film (1)	2
9.	a) 2($\frac{1}{2}$) 20F($\frac{1}{2}$)	1
	b) film forbidden to under 18s	1
10.	a) 2-star	1
	b) 5 litres	1
	c) one from: wash windscreen pump up tyres	1

11.	a) pullover	1
	b) 2nd floor($\frac{1}{2}$) on left($\frac{1}{2}$)	1
12.	a) no room/full	1
	b) very small	1
	c) 1 night	1
	d) near showers	1
	e) 28F	1
	f) near the trees	1
13.	a) last ($\frac{1}{2}$) Saturday($\frac{1}{2}$)	1
	b) grandmother (1) ill (1)	2
	c) write	1
	d) tell Alain you rang	1
14.	a) Martine/friend from Dieppe	1
	b) coming to Rouen (1) on Sunday (1) would like to see her (1)	3
	c) phone her($\frac{1}{2}$) this evening ($\frac{1}{2}$)	1

Total for paper 40

Part 1   A French teenager talking

Question 1

Je m'appelle Georges Savrin et j'ai quinze ans. J'ai un petit job; je travaille dans une ferme tout près de chez moi. D'habitude j'y travaille le samedi après-midi et le dimanche et quelquefois pendant les grandes vacances., J'ai eu de la chance parce que mon père connait bien le fermier. Ce que je fais dépend de la saison, mais j'ai appris à conduire le tracteur et j'aide le fermier à réparer les machines agricoles. Je voudrais être mécanicien mais il est très difficile en ce moment de se faire placer en apprentissage.

CSE Mode 2, LREB 1985

Part 2   Shopping Announcements

Question 2

Messieurs, 'dames, venez au rayon vaisselle au deuxième étage. Il y a des occasions exceptionnelles. Les assiettes à soupe et les verres à vin sont en solde!

Question 3

Messieurs, 'dames, approchez-vous! J'ai de bonnes pommes, de belles pêches, de bonnes poires! Tous mes fruits sont à des prix reduits pour les quinze premiers clients.

Question 4

Soldes chez Jean! Prix exceptionnels du lundi 18 jusqu'au vendredi 22, de 9 heures à 20 heures sans interruption. Imperméables à partir de 250 francs, vestes à partir de 180 francs, gants à moitié prix!

Question 5

Achetez tout pour votre hobby à Super-Sport. Si vous aimez la pêche, l'équitation ou la planche à voile, venez à notre magasin spécialisé, Super-Sport!

Q2–5, CSE Mode 2, LREB 1986

Question 6

En promotion cette semaine aux Nouvelles Galeries. Au sous-sol: baskets pointures de 32 a 40. Prix choc de 70 francs!

Au rez-de-chaussée: des T-shirts en coton à partir de 32 francs.
Au premier étage: rayon ménager—fourchettes, couteaux, cuillères sont en réclame!

Part 3   Radio Items

Question 7

La mairie de Canet vous annonce:
A cause des inondations dans le centre-ville, provoquées par l'orage, le spectacle de variétés annoncé pour ce soir à vingt et une heures trente est remis à mardi soir, même heure.
Rappelez-vous! Mardi soir, Place Arago. Venez nombreux!

Question 8

Un vent violent, accompagné de pluie et de grêle, a fait des dégâts considérables dans notre région hier. A Maury, on signale un toit de garage complètement enlevé, plusieurs fenêtres brisées, et des maisons en construction endommagées.
A Rouffiac, quatre-vingts pour cent des vignes sont endommagées.

Q7–8, CEE, SEREB 1985

Part 4   Health

Question 9

Les Français mangent trop de viandes, trop de graisses et trop de sucres. Ils ne mangent pas assez de pain, de poisson, de fruits et légumes.
Les Français prennent un petit déjeuner trop léger, absorbent de plus en plus souvent un déjeuner insuffisant, mangé trop vite et dans de mauvaises conditions de détente; ceci favorise la fatigue en fin de matinée et d'après-midi, diminue le rendement du travail.
Les règles d'or d'une bonne alimentation sont:
Buvez un litre et demi d'eau chaque jour, c'est la seule boisson indispensable à votre organisme.
Mangez regulièrement: ne sautez pas de repas, mangez dans le calme et prenez votre temps.
Mangez peu à chaque repas, vous vous sentirez mieux même si vous ne perdez pas de poids.

Marking Scheme

1.
a) 15 — 1
b) farm — 1
c) Saturday pm($\frac{1}{2}$) Sunday($\frac{1}{2}$)
sometimes($\frac{1}{2}$) in summer holidays($\frac{1}{2}$) — 1
d) father knows farmer — 1
e) drives tractor (1)
repairs farm machinery (1) — 2
f) mechanic — 1
g) difficult to get apprenticeship — 1

2.
a) 2nd floor — 1
b) soup ($\frac{1}{2}$) plates ($\frac{1}{2}$)
wine ($\frac{1}{2}$) glasses ($\frac{1}{2}$) — 2

3. first 15 customers — 1

4.
a) raincoats — 1
b) gloves — 1

5. fishing, horse-riding, windsurfing
(3 for 2 marks, 2 for 1 mark,
1 for ($\frac{1}{2}$) mark) — 2

6.
a) trainers — 1
b) 70F — 1
c) ground floor — 1
d) 32F — 1
e) 1st floor — 1

7.
a) floods — 1
b) by a storm — 1
c) Tuesday ($\frac{1}{2}$) 21.00 (9.00pm) ($\frac{1}{2}$) — 1

8.
a) two from:
strong wind, rain, hail, — 2
b) any two from:
garage blown away,
broken windows,
houses under construction damaged — 2
c) 80% — 1

9.
a) two from:
meat, fats, sugar — 2
b) two from:
bread, fish, fruit & vegetables — 2
c) too light/not enough — 1
d) two from:
not enough, eaten too quickly,
not relaxed when eating — 2
e) one from:
tiredness,
poor performance at work — 1
f) two from:
eat regularly, don't skip meals,
eat calmly taking your time,
eat a little/not too much at
each meal — 2

Total for paper 40

Published in 1988 by
Unwin Hyman Limited
15/17 Broadwick Street
London W1V 1FP

British Library Cataloguing in Publication Data

Culpan, Mary
  Au fait
  Teachers book
  1. French language—Textbooks for
  foreign speakers—English
  I. Title
  448   PC2112

ISBN 0 7135 2755 2

Typeset in Great Britain by August Filmsetting, Haydock, St Helens.
Printed in Great Britain by Bell and Bain Ltd, Glasgow.